									②存続（…ている・…てある）
	たし	（たく） たから	たく たかり	たし	たき たかる	たけれ	○	形容詞	①希望（…たい・…てほしい）
	けむ	○	○	けむ	けむ	けめ	○	四段	①過去推量（…ただろう） ②〔過去の〕原因推量（［どうして／〜だったので］…たのだろう］ ③〔過去の〕婉曲・伝聞（…たような・…たとかいう）
終（ラ変※1は体）	らむ	○	○	らむ	らむ	らめ	○	四段	①〔視界外の〕現在推量（今頃は…ているだろう） ②原因推量（［どうして／〜なので］…なのだろう） ③婉曲・伝聞（…のような・…とかいう）
	らし	○	○	らし	らし	らし	○	無変化	①〔確かな根拠にもとづく〕推定（…らしい）
	べし	（べく） べから	べく べかり	べし	べき べかる	べけれ	○	形容詞	①推量（…だろう）　②当然（…はずだ・…べきだ） ③可能（…できる）　④意志（…しよう） ⑤命令（…しろ）　⑥適当（…がよい）
	まじ	（まじく） まじから	まじく まじかり	まじ	まじき まじかる	まじけれ			①打消推量（…ないだろう）　②打消当然（…はずがない・…べきでない） ③不可能（…できない）　④打消意志（…しないつもりだ） ⑤禁止（…するな）　⑥不適当（…ない方がよい）
	めり	○	（めり）	めり	める	めれ			①推定（…ようだ） ②婉曲（…ようだ・…と思われる）
	なり	○	（なり）	なり	なる	なれ			①推定（…ようだ） ②伝聞（…という・…だそうだ）
体言 体	なり	なら	なり に	なり	なる	なれ			①断定（…である） ②存在（…にある・…にいる）
	ごとし	○	ごとく	ごとし	ごとき	○			①比況（…のようだ） ②例示（…など）
体言	たり	たら	たり と	たり	たる	たれ			①断定（…である）
サ未 四已	り※2	ら	り	り	る	れ	れ	ラ変	①完了（…た・…てしまった） ②存続（…ている・…てある）

※1…ラ変型に活用する語（＝①ラ変動詞／②形容詞（カリ活用）・形容動詞／③ラ変型・形容詞型（カリ活用）・形容動詞型に活用する助動詞）の場合は、その連体形に接続する。
※2…サ変動詞の未然形、または四段動詞の已然形に接続する。

古文
レベル別問題集

2 初級編

東進ハイスクール・東進衛星予備校
富井 健二
TOMII Kenji

東進ブックス

❶はじめに

自分に合った問題集を選ぶのはなかなか難しいもの。問題を解き進めていくうちに、様々な疑問点が発生し、せっかくやる気を出して解き始めたのに途中であきらめてしまう。これは、**充分な学力が身についていないにもかかわらず、難易度の高い問題にチャレンジしてしまっている**ことに一因があります。問題集は、段階的に無理なく学習することが大切。そこで、「今の自分のレベルから無理なく始められて、志望校合格レベルまで着実に学力を伸ばす問題集」というコンセプトのもと、この「古文レベル別問題集」シリーズを立ち上げました。

時間の限られた受験生にとって無駄は禁物。解説が「冗長」で内容を理解するのにかなりの時間を要する問題集を使用するのはよくありません。今の自分の学力に応じた問題を解きながら、志望校レベルに最短距離で到達するためには、**一切の無駄を省いた解説が掲載された問題集**を使って学習する必要があります。本書は、膨大な入試問題データベースから「学力を伸ばす良問」を厳選し、その難易度・問題形式等を分析してレベル別に再編しました。*1 解説文は徹底的に無駄を省きながらも、解答する過程で一切の疑問点を残さぬよう、有効な情報*2はふんだんに盛り込んであります。また、読解しながら単語・文法の知識*3も随時確認できるようになっています。

本書は、たとえ辞書や古文単語集、古典文法の解説書がなくても、教えてくれる人が側についていなくても、どんどん一人で解いていくことができる、いわば**独習可能な問題集**です。スモールステップで自分に必要なレベルから第一志望合格まで、無理・無駄なく、最短距離で古文の読解力を向上させていきましょう。

著者　富井健二

◆補足説明

*1…内容やジャンルにおいて得手不得手が生じないように、**様々な形式の問題**を偏りなく取り上げました。

*2…本文解説の細かい**補足説明**は脚注に収録。【全文解釈】では問題文の**一語一語をすべて品詞分解**し、活用形・意味・用法などを明示。この上ないほどきめの細かい解説を実現しました。

*3…重要な**古文単語・古典文法**の知識が読解の中で効率的に身につくよう、【全文解釈】の脚注に掲載しました。

❷本書の特長──「主要28大学×10年分の入試分析結果」をもとにした問題集──

この「古文レベル別問題集」制作にあたって、我々は東京大学の「古文サークル すずのや」にご協力いただき、かつてないほど大規模な大学入試問題分析を敢行。主要28大学[*1]計277学部の入試問題を各10年分、合計「約1000題」[*2]を対象として、次の3点について分析・集計を行ないました。

【大学入試の分析ポイント】

① 出題された問題文の出典（作品名）・ジャンルは何かを集計[*3]（結果は左図参照）。

② 問題文中の傍線部や空所に入る語句をすべて品詞分解し、そこに含まれる文法・単語を集計[*4]。

③ 傍線部・空所以外にも、解答に直接関わる文法・単語等を集計。

入試で問われる（＝覚えておけば得点に直結する）知識は何なのか。個人の経験や主観ではなく、極めて客観的・統計的な大規模調査を行ない、その結果を本書に落とし込みました。

受験生が古文に割くことのできる限られた時間を、実際はほとんど出題されない知識の修得に費やす。従来のそういった古文学習の悪癖を払拭し、本当に必要な知識だけを最短距離で身につけるための問題集であるという点が、本書最大の特長です。

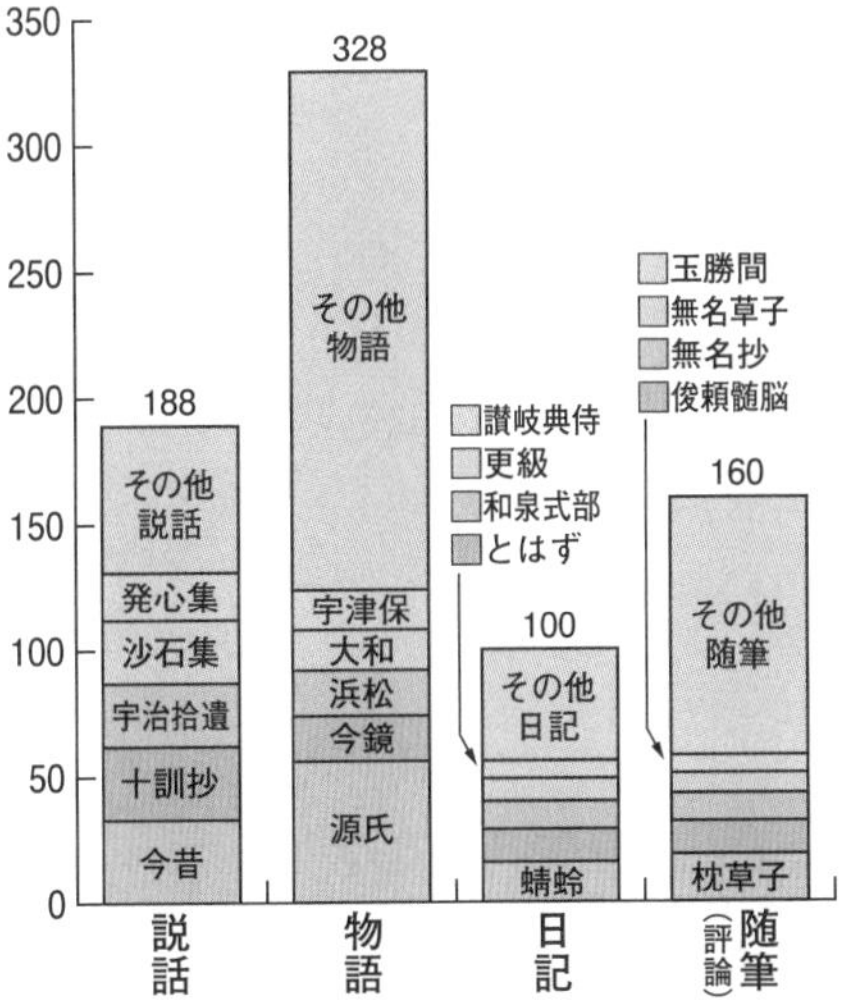

▲ジャンル別作品出題回数（TOP 5はグラフ表示）

◆**補足説明**

＊1…本書5頁の表における「偏差値61以上」の旧七帝大・上位国公立大・難関私大・有名私大。共通テスト（センター試験）は約30年分を分析。

＊2…古文の出題がない学部や、同大学における複数学部共通問題の重複分を除いた正味の問題数。問題文として出題されている一つの出典を「1題」として集計。

＊3…説話・物語・日記・随筆（評論）の主要作品について出題回数を集計。この4ジャンルの主要作品に含まれないものはすべて「その他の作品」として計上（上図では非表示）。詳細は第6章参照（☞125頁〜）。

＊4…文法は、助動詞28語・助詞56語それぞれについて、用いられている意味や用法ごとに出題数を集計。語の識別や敬語についても出現数を集計。単語は「語義別」にそれぞれ出現数を集計。

❸ レベル②の特徴

【こんな人に最適】

❶「古文の読解法」をゼロから最短距離でマスターしたい人[*1]
❷ 古文が苦手で、まずはやさしい読解演習から始めたい人
❸ 一般私大・一般国公立大・短大合格を目指す人

▼レベル②の位置付け

レベル①は、古典文法を主とした「基礎固め」でした。レベル②は、比較的平易で短めの古文を用いて、古文を一からどのように読解していけばよいのか、「古文の読解法」における「基礎固め」を徹底的に行ないます。本格的な入試問題演習を行なうレベル③への橋渡しをするのが、レベル②の役割でもあります。とはいえ、ここで身につける読解法は、最終のレベル⑥にまで通じる、極めて普遍的・絶対的なものですから、初級者は全員このレベル②を学習しましょう。

▼レベル②で身につく力

古文が読みづらい二大要因は、「主語などが頻繁に省略される」ことと「常識[*2]が現代と大きく異なる」ことです。これによって「文脈」が把握しづらくなり、文脈が把握できないがために単語・文法の意味も定まらず、結果として全体の内容がつかめなくなるわけです。このレベル②では、そういった問題を払拭する「古文の読解法」を一気に身につけます。本書を終えれば、大学入試の古文を読み取る基礎力が固まり、地方国公立大・一般私大・共通テストなどの過去問にチャレンジできるレベルにまで到達するでしょう。

◆**補足説明**

＊1…「古文の読解法」をゼロから**ていねいにしっかり**と身につけたい人は、『富井の古文読解をはじめからていねいに』（東進ブックス）をおすすめします。同書の「準拠問題集」として本シリーズを活用することもおすすめです。

＊2…古代（主に平安時代）における男女交際の仕方、結婚の形態、住居の構造、官位社会、人々の信仰や風習などの一般常識のこと。これらをまとめて「古文常識」といいます。

●**入試問題は「初見」の文**

前頁にあるグラフが示すとおり、古文も英語や現代文と同様、基本的に「**読んだことのない文章**」が出題されます。この『古文レベル別問題集』で段階的に多数の問題を解き、初めて見る古文に対する読解力を向上させましょう。

【志望校レベルと本書のレベル対応表】

難易度	偏差値	志望校レベル 国公立大（例）	志望校レベル 私立大（例）	本書のレベル（目安）
難	～67	東京大，京都大	国際基督教大，慶應義塾大，早稲田大	⑥最上級編
↑	66～63	一橋大，東京外国語大，国際教養大，筑波大，名古屋大，大阪大，北海道大，東北大，神戸大，東京都立大，大阪公立大	上智大，青山学院大，明治大，立教大，中央大，同志社大	⑥最上級編／⑤上級編
	62～60	お茶の水女子大，横浜国立大，九州大，名古屋市立大，千葉大，京都府立大，奈良女子大，金沢大，信州大，広島大，都留文科大，横浜市立大，防衛大	東京理科大，法政大，学習院大，武蔵大，中京大，立命館大，関西大，成蹊大	⑥最上級編／⑤上級編／④中級編
	59～57	茨城大，埼玉大，岡山大，熊本大，新潟大，富山大，静岡大，滋賀大，高崎経済大，長野大，山形大，岐阜大，三重大，和歌山大，島根大，香川大，佐賀大，岩手大，群馬大	津田塾大，関西学院大，獨協大，國學院大，成城大，南山大，武蔵野大，京都女子大，駒澤大，専修大，東洋大，日本女子大	⑥最上級編／⑤上級編／④中級編／③標準編
	56～55	**共通テスト**，広島市立大，宇都宮大，山口大，徳島大，愛媛大，高知大，長崎大，福井大，新潟県立大，大分大，鹿児島大，福島大，宮城大，岡山県立大	玉川大，東海大，文教大，立正大，西南学院大，近畿大，東京女子大，日本大，龍谷大，甲南大	⑤上級編／④中級編／③標準編／②初級編
	54～51	弘前大，秋田大，琉球大，長崎県立大，名桜大，青森公立大，石川県立大，秋田県立大，富山県立大	亜細亜大，大妻女子大，大正大，国士舘大，東京経済大，名城大，武庫川女子大，福岡大，杏林大，白鴎大，京都産業大，創価大，帝京大，神戸学院大，城西大	③標準編／②初級編／①文法編
↓	50～	北見工業大，室蘭工業大，職業能力開発総合大，釧路公立大，公立はこだて未来大，水産大	大東文化大，追手門学院大，関東学院大，桃山学院大，九州産業大，拓殖大，摂南大，沖縄国際大，札幌大，共立女子短大，大妻女子短大	②初級編／①文法編
易	-	一般公立高校（中学レベル）	一般私立高校（中学～高校入門レベル）	①文法編

※東進主催「共通テスト本番レベル模試」の受験者（志望校合格者）得点データをもとに算出した、主に文系学部（前期）の平均偏差値（目安）です。

●志望校別の使用例

▼古文が苦手な人…必ずレベル①で文法を固め、②で読解法の基礎・基本を固めましょう。その後は、各自の目標とする志望校レベルに応じて、レベルアップしていきましょう。

▼「古文は共通テストだけ」の人…文法知識があやふやであれば、レベル①～③を学習し、後は過去問や実戦問題に取り組みましょう。文法はほぼ完璧という人は、②・③だけでも結構です。

▼第一志望が「明青立法中／関関同立」などの有名私大の人…古文を基礎から始めて高得点を取りたい人は、①～⑤までやり切りましょう。基礎が固まっている人は、③～⑤を学習しましょう。

▼第一志望が「旧七帝大」などの国公立大の人…共通テストから二次試験の記述・論述まで対策するため、レベル③～⑥をやりましょう。時間がない人は、③と⑥だけやり、後は過去問を徹底しましょう。

❹ 本書の使い方

本書は、頭から順に読んでいけば、最も効率的に「古文の読解法」が一つ一つ身につくように構成されています。各回ごとに、左図❶～❹の順に読み解いていきましょう。

❶ 要点整理

最初に、その回で学ぶ読解法の要点を、文や図表などで簡潔にまとめています。まずはここをしっかり読んで、読解法の要点を確認しましょう。

赤文字（＝赤シートで隠すと消えます）は特に重要な部分です。しっかり覚えていきましょう。

❷ 問題演習

要点整理で読解法を身につけたら、次はその知識を定着させるための問題演習にチャレンジです。

実際の大学入試問題（＊1）を通じて、読解法を「使える」ものに仕上げましょう。

重要度

大学入試問題の分析結果をもとに、各項目の重要度（読解法として活用する頻度）を下記の5段階で表しました。

S＝非常によく使う
A＝よく使う
B＝ふつうに使う
C＝そこそこ使う
D＝時々使う

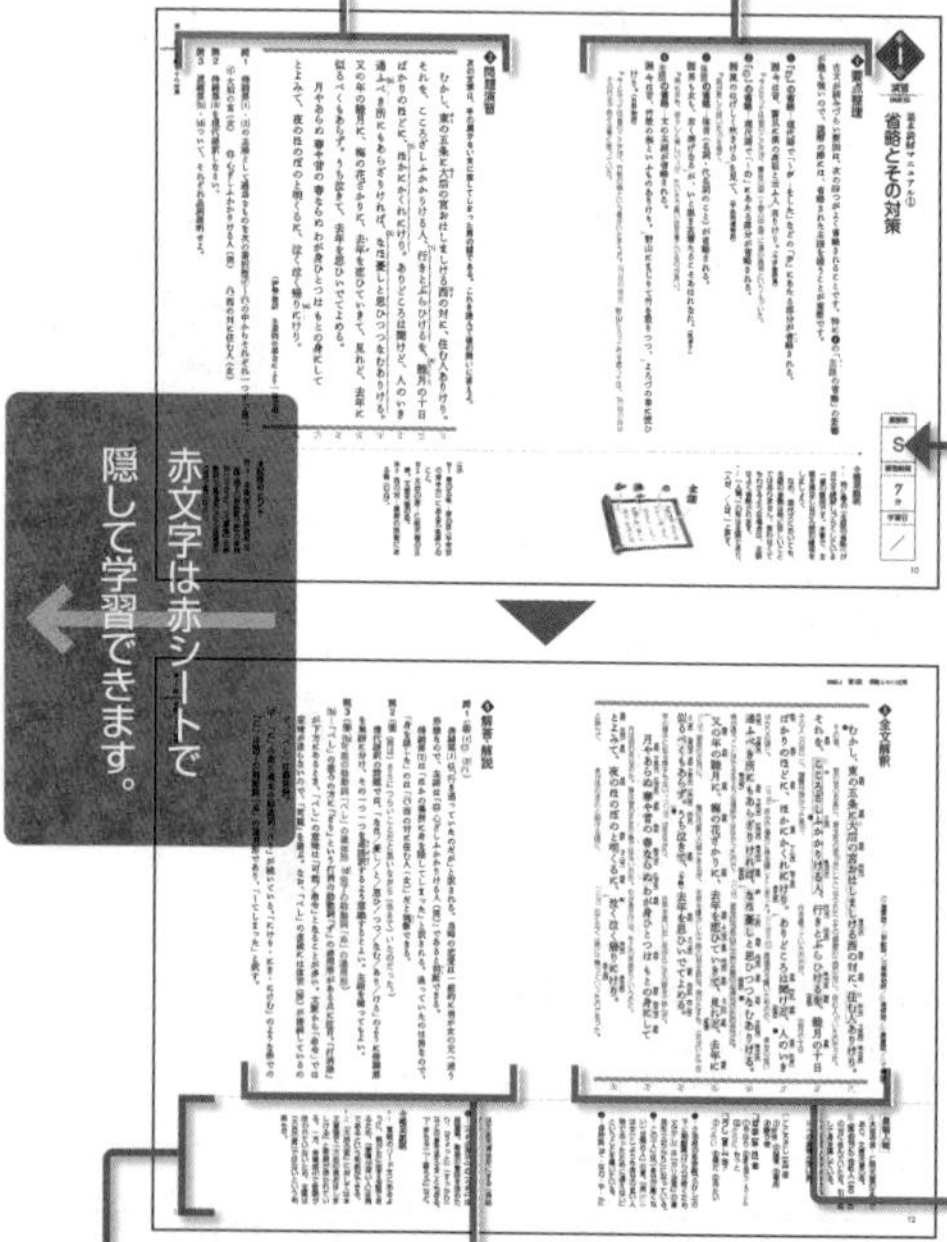

❸ 全文解釈

問題文を単語分けし、読解において重要な語を色で区別(次頁参照)。各語の活用の種類・活用形・意味・用法などを明示しました。現代語訳は問題文の左側に併記（＊2）しました。

❹ 解説

問題演習の解答・解説です。どのように考えて解答を導けばよいのか、しっかり理解しましょう。

脚注

本文の補足説明（＝＊印で文中に表示）や、問題文に登場した重要語や難語（＊3）、重要文法などを脚注に掲載しています。

◆補足説明

＊1…問題文は基本的に過去の大学入試問題から引用していますが、都合により（文脈に関係のない途中の文を省略するなど）一部改変している場合があります。

＊2…現代語訳は、**赤文字**で記し、対応する古文とできる限り位置をそろえています。赤シートで隠して、古文の現代語訳を頭の中で考えながら読んでいくという学習方法も有効です。

＊3…単語は星の数が多いほど頻出度が高いという意味です。
★★★＝最頻出
★★＝頻出
★＝標準
★無し＝非頻出
※頻出度は高くないものの、問題文の理解や解答に必要な語であれば、重要語（非頻出）として脚注に掲載しました。

【全文解釈】で使用する記号・略号

●活用形

未然形→［未］
連用形→［用］
終止形→［終］
連体形→［体］
已然形→［已］
命令形→［命］

●動詞＊1

四段活用動詞→四
上一段活用動詞→上一
上二段活用動詞→上二
下一段活用動詞→下一
下二段活用動詞→下二
カ行変格活用動詞→カ変
サ行変格活用動詞→サ変
ナ行変格活用動詞→ナ変
ラ行変格活用動詞→ラ変

●形容詞

形容詞ク活用→ク
形容詞シク活用→シク

●形容動詞

形容動詞ナリ活用→ナリ
形容動詞タリ活用→タリ

●助動詞の意味＊2

打消推量→打推
打消意志→打意
不適当→不適
反実仮想→反実
ためらい→ため
実現不可能な希望→希望
過去推量→過推
過去の原因推量→過因
過去の婉曲→過婉
過去の伝聞→過伝
現在推量→現推
原因推量→原推
打消推量→打推
打消意志→打意
不可能→不可
打消当然→打当

●助詞

格助詞→格助
接続助詞→接助
係助詞→係助
副助詞→副助
終助詞→終助
間投助詞→間助

●助詞の用法＊3

使役の対象→《使対》
動作の共同者→《動共》
方法・手段→《方法》
単純な接続→《単接》
逆接の確定条件→《逆接》
逆接の仮定条件→《仮定》
順接の仮定条件→《仮定》
原因・理由→《原因》
反復・継続→《反復》
打消接続→《打接》
希望の最小→《希小》
他への願望→《他願》
自己の願望→《自願》
詠嘆願望→《詠願》

●その他の品詞

名詞・代名詞→無表記＊4
副詞→副
連体詞→連体
接続詞→接続＊5
感動詞→感動
連語→連語
接頭語→接頭
接尾語→接尾

●語の色分け＊6

■＝重要語（→訳は太字）
■＝助動詞
■＝接続助詞
■＝尊敬語
■＝謙譲語
■＝丁寧語
※その他は無色

●その他の記号

□＝登場人物（A～E）
⬇＝**主語同一用法**があてはまる接続助詞
♻＝**主語転換用法**があてはまる接続助詞
▶＝重要な主語（や目的語）が省略されている箇所（補足する人物は左側に青文字で表示）
❶～❾＝**重要文法**や**主語・目的語の補足方法**に関する解説
▒＝設問で**解釈**を問われている現代語訳部分

◆補足説明

＊1…基本的に、単語を表すときは「みる【見る】」のように平仮名と【漢字】を併記する。**【 】**は**漢字表記**の意。

＊2…助動詞の意味は2字表示。3字以上の意味は上記のように省略。なお、助動詞は「推量［未］」のように「意味と活用形」を併記している。

＊3…助詞の用法は2～3字で《 》内に表示。4字以上の用法は上記のように省略。

＊4…名詞・代名詞の品詞名は無表記としている。

＊5…接続助詞は「接助」、接続詞は「接続」と表記しているので区別に注意。

＊6…基本的に読解において重要な語だけに色を付けている。接続助詞は**複数の用法があるもの**のみ左側に《 》で用法を表示。敬語は**補助動詞**の場合のみ左側に《補》と表示（本動詞の場合は表示無し）。

目次

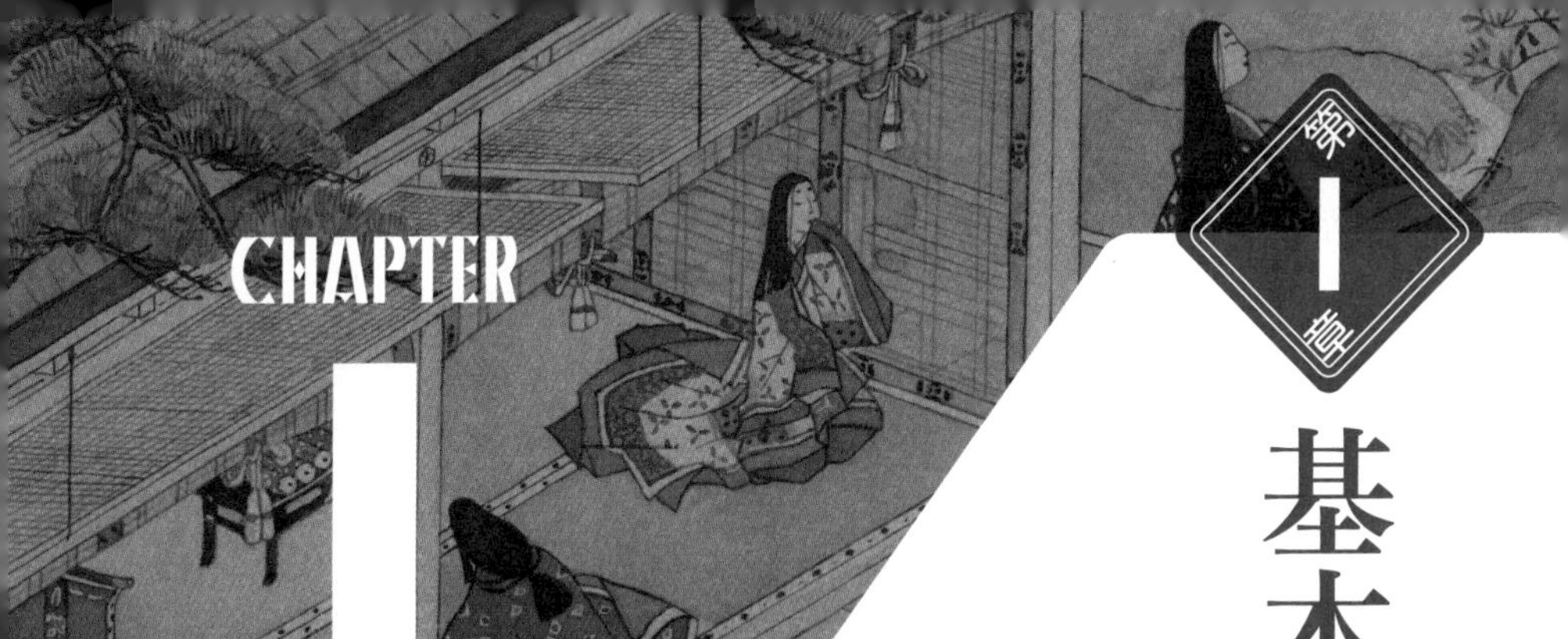

CHAPTER 1

第1章

基本読解マニュアル

◆最も重要な古文の読解法とは？

古文を読んで理解するためには、もちろん古文単語・古典文法の知識は欠かせません。ただ、それらを身につけたからといって、すぐに古文がすらすらと読めるようになるかというと、そうでもありません。なぜなら、単語・文法は**文脈**に応じてその意味・用法が決まるからです。

古文は**主語などが頻繁に省略されます**。主語を補足できないと、文脈がつかめません。文脈がつかめないと、単語・文法の意味・用法が定まらず、結果として古文が正確に読解できないのです。つまり、古文読解の最初にして最大のポイントは「**主語の補足**」です。この第1章では、最も基本的・汎用的な主語の補足方法を、軽い演習を通じて身につけていくことを主眼とします。

第1回 演習 EXERCISE

基本読解マニュアル① 省略とその対策

重要度 S
解答時間 7分
学習日 ／

❶ 要点整理

古文が読みづらい要因は、次の四つがよく**省略**されることです。特に❹の「**主語の省略**」[*1]の影響が最も強いので、読解の際には、省略された主語を補うことが重要です。

❶ **「が」の省略**…現代語で「〜**が**…をした」などの「**が**」にあたる部分が省略[*2]される。

例 むかし、男、武蔵の国までまどひ歩きけり。（伊勢物語）

▼昔、男が、武蔵の国までさまよい歩いた。

❷ **「の」の省略**…現代語で「〜**の**」にあたる部分が省略される。

例 風のはげしく吹きけるを見て、（宇治拾遺物語）

▼風が激しく吹いたのを見て、

❸ **体言の省略**…体言（名詞・代名詞のこと）が省略される。

例 男も、女も、若く清げなるが、いと黒き衣着たるこそ、あはれなれ。（枕草子）

▼男も、女も、若々しく美しい人が、たいそう黒い喪服を着ているのは、しみじみとした趣がある。

❹ **主語の省略**…文の主語が省略される。

例 今は昔、竹取の翁といふものありけり。野山にまじりて竹を取りつつ、よろづの事に使ひけり。（竹取物語）

▼今となっては昔のことだが、竹取の翁という者がいたそうだ。**（竹取の翁は）**野山に入って竹を取っては、**（竹取の翁は**その竹を）色々な事に使っていた。

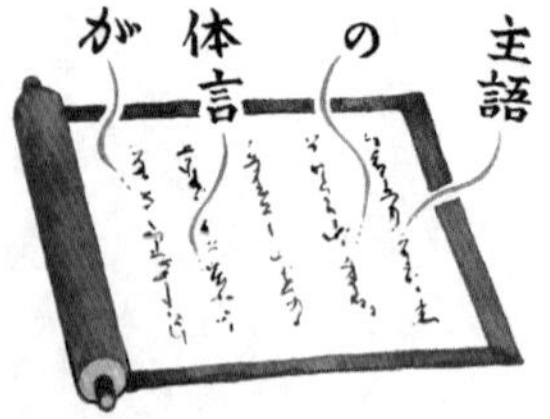

◆補足説明

*1 特に❹の「主語の省略」が古文を読解しづらくしている一番の要因です。本書で、主語を補足しながら読む練習をしましょう。

なお、現代文においても、主語の省略は特に珍しいことではありません。言わなくてもわかるような場合は、主語はよく省略されます。

*2 「**人物、**」の形は主語であり、「**人が、**／**人は、**」と訳す。

❷問題演習

次の文章は、手の届かない女に恋してしまった男の話である。これを読んで後の問いに答えよ。

むかし、東の五条[※1]に大后の宮[※2]おはしましける西の対[※3]に、住む人ありけり。それを、こころざしふかかりける人、(1)行きとぶらひけるを、睦月《むつき》の十日ばかりのほどに、(2)ほかにかくれにけり。ありどころは聞けど、人のいき通ふ(a)べき所にもあらざりければ、(3)なほ憂しと思ひつつなむありける。又の年の睦月に、梅の花ざかりに、去年《こぞ》を恋ひていきて、見れど、去年に似るべくもあらず。うち泣きて、〈中略〉去年を思ひいでてよめる。

月やあらぬ 春や昔の 春ならぬ わが身ひとつは もとの身にして

とよみて、夜のほのぼのと明くるに、泣く泣く帰り(b)にけり。

（伊勢物語　※設問の都合により一部省略）

問1　傍線部(1)・(2)の主語として適当なものを次の選択肢㋑～㋩の中からそれぞれ一つずつ選べ。

㋑大后の宮（女）　㋺心ざしふかかりける人（男）　㋩西の対に住む人（女）

問2　傍線部(3)を現代語訳しなさい。

問3　波線部(a)・(b)について、それぞれ品詞説明せよ。

（注）

※1 東の五条…東の京（平安京の東半分）にある五条通りのこと。

※2 大后の宮…仁明天皇の女御。文徳天皇の母。

※3 西の対…寝殿の西側にある棟（むね）。

★設問のヒント

問3…助動詞の品詞説明は、「(例) **完了**の助動詞「**ぬ**」の**未然形**」のように、「①**意味**」の助動詞「②**基本形**」の「③**活用形**」の順で書けばよい。

❸ 全文解釈

（重要語／助動詞／接続助詞／尊敬語／謙譲語／丁寧語）

❷むかし、東の五条に大后の宮おはしましける西の対に、住む人ありけり。

その昔、東の京の五条に、皇太后の宮がおいでになられた（その御殿の）西の対に、住む人がいたのだった。

それを、こころざしふかかりける人、行きとぶらひけるを、睦月の十日ばかりのほどに、ほかにかくれにけり。ありどころは聞けど、人のいき通ふべき所にもあらざりければ、なほ憂しと思ひつつなむありける。又の年の睦月に、梅の花ざかりに、去年を恋ひていきて、見れど、去年に似るべくもあらず。うち泣きて、〈中略〉去年を思ひいでてよめる。

その人（の所）に、❶愛情が深かった男が、行き通っていたのだが、〈逆接〉正月の十日ばかりの頃に、（Bは）ほかの所に身を隠してしまった。（CはBの）居場所を聞いたものの、〈逆接〉❷身分の低い者が通うことができるような場所ではなかったので、〈原因〉（Cは）さらにつらいことだと思いながらいたのだった。〈同時〉❸（Cは）翌年の正月に、梅の花盛りの頃であるが、去年を懐かしんで（西の対を）訪ね、見わたすも、〈逆接〉（女がいた）去年の様子に似るはずもない。❹（Cは）泣きながら、去年を思い出しながら（次の歌を）詠んだ。

月やあらぬ　春や昔の　春ならぬ　わが身ひとつは　もとの身にして

月は別の月なのか。春は昔のままの春ではないのか。わが身だけは、もとのままだというのに。

とよみて、夜のほのぼのと明くるに、泣く泣く帰りにけり。

と詠んで、夜がほのぼのと明ける頃に、（Cは）泣く泣く（家に）帰ってしまった。

登場人物

A 大后の宮…仁明天皇の女御であり、文徳天皇の母。
B （西の対に）住む人（女）…西の対に住んでいた女。後に引っ越して身を隠している。
C こころざしふかかりける人…Bへの愛情が深い男。

□こころざし【志】名 ①愛情 ②誠意 ③意向 ④贈り物

★★★ □なほ【猶・尚】副 ①やはり ②まるで〈→ごとし〉 ③さらに・もっと

★★★ □うし【憂し】形ク ①つらい ②嫌だ ③冷たい

❶…ク活用の形容詞「ふかし」の下に助動詞「けり」が続くため、「ふかし」は「カリ活用」の連用形「ふかかり」になっている。

❷…この「人」は「（身分が高くない）世間の人」の意。「男（C）は女（B）よりも身分の低い人物であったために通えない」ということを嘆いている。

❸…係助詞「ぞ・なむ・や・か」

❹ 解答・解説

問1 (答) (1)ロ 心ざしふかかりける人（男） (2)ハ 西の対に住む人（女）

傍線部(1)は「行き通っていたのだが」と訳される。当時の恋愛は一般的に男が女の元へ通う形態なので、主語は「ロ 心ざしふかかりける人（男）」であると判断できる。*1

傍線部(2)は「ほかの場所に身を隠してしまった」と訳される。通っていたのは男なので、「身を隠した」のは「ハ 西の対に住む人（女）」だと判断できる。*2

問2 (答) （男は）さらにつらいことだと思いながら（生きて）いたのだった

現代語訳の問題では、「なほ／憂し／と／思ひ／つつ／なむ／あり／ける」のように傍線部を単語に分け、その一つ一つを逐語訳《ちくごやく》するよう意識するとよい。主語を補ってもよい。

問3 (答) (a)可能の助動詞「べし」の連体形 (b)完了の助動詞「ぬ」の連用形

(a)…「べき」の後に打消の助動詞「ず」の連用形「ざり」がある点に注目。「打消語」が下にあるとき、「べし」の意味は「可能／命令」となることが多い。文脈から「命令」では意味が通らないので、「**可能**」を選ぶ。なお、直後には体言（所）が接続しているので、「べし」は**連体形**。

(b)…「に」の後に過去の助動詞「けり」が続いている。「にけり・にき・にけむ」のような形での**「に」は完了の助動詞「ぬ」の連用形**であり、「～てしまった」と訳す。

は文末を連体形にする（係結び）。

❹…「うち泣きて」の「うち」は接頭語。動詞の意味を強めたり、「ちょっと」「すっかり」などの意を添えることもある。「―まもる」「―語らふ」など。

◆補足説明

*1 冒頭のリード文にあるように、男が女に恋する話であるため、「愛情が深い人」は男であるという判断もできる。

*2 「大后の宮」に対しては本文冒頭で「大后の宮おはしましける」と敬語が使われている。一方、傍線部(2)で敬語が使われていないため、主語は「大后の宮」ではないという判断も可。

基本読解マニュアル②

主語同一用法・主語転換用法

重要度	S
解答時間	12分
学習日	／

❶要点整理

古文では、接続助詞[*1]「て・で」の前後の主語は同じで、接続助詞「を・に・が・ど・ば」の前後では主語が変わることが多い。この法則を使って、主語を補足しながら読解[*2]しましょう。

❶主語同一用法…「て、」や「で、」の前後では、文の主語は同じ（⬇の記号で表します）

例 親王、大殿ごもらで⬇、明かしたまうてけり。（伊勢物語）

▼親王は、おやすみにならないで、（親王は）夜をお明かしになってしまった。

❷主語転換用法…「を、に、が、ど、ば、」の前後では、文の主語が変わる（♻の記号で表します）

例 かの人の入りにし方《かた》に入れば♻〈単接〉、塗籠《ぬりごめ》あり。そこにゐて⬇、もののたまへど♻〈逆接〉、をさをさ答《いら》へもせず。（宇津保物語）

▼（男が）あの女の入っていった方に入ると、**塗籠**（＝部屋）がある。（男は）そこに座って、（男が）何かおっしゃるが、（女は）ほとんど返事もしない。

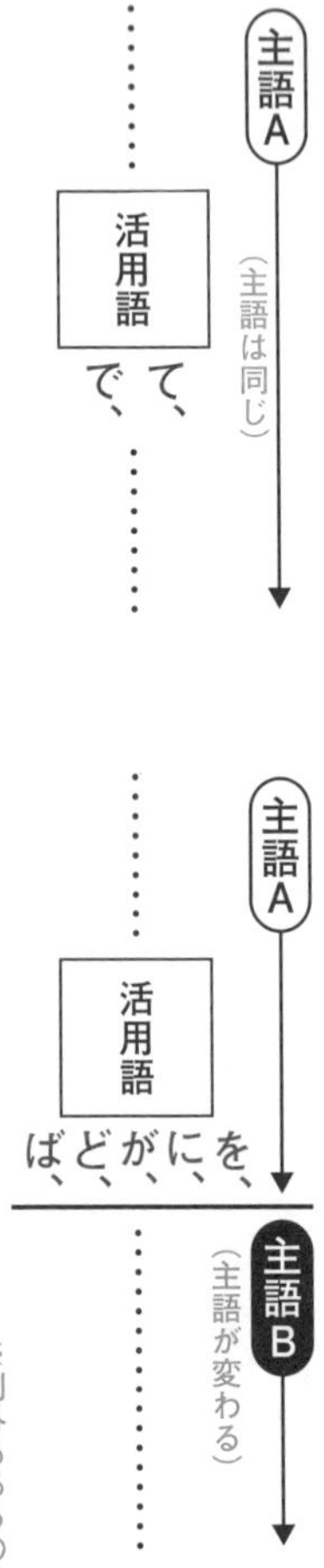

※例外もあるので注意！

◆補足説明

＊1 接続助詞…文と文をつなぐ働きをする助詞。**格助詞**にも「を・に・が」があるので、明確に区別すること。

＊2 ただし、例外も少なくない。省略された主語を補足する一つの目安であると考え、「文脈」も重視しながら、判断しましょう。

❷ 問題演習

次の文章は『宇治拾遺物語』巻一の一節です。これを読んで後の問いに答えよ。

　これも昔、右の顔に大きなる瘤《こぶ》ある翁ありけり。大柑子[※1]の程なり。人に交じるに及ば［Ⅰ］ば、薪をとりて世を過ぐる程に、山へ行きぬ。雨風(1)はしたなくて帰るに及ばで、山の中に(2)心にもあらずとまりぬ。いかにも山の中にただ一人居たるに、人のけはひのしければ、少し生き出《い》づる心地して(a)見出しければ、大方《おほかた》やうやう[※2]さまざまなる者ども、大方目一つある者あり、口なき者など、大方いかにもいふべきにあら［Ⅱ］者ども百人ばかりひしめき集りて、火を天[※3]の目のごとくにともして、我が居たるうつほ木の前に(b)居まはりぬ。大方いとど物覚えず。

（宇治拾遺物語　※一部省略）

問1　傍線部(1)・(2)を現代語訳しなさい。

問2　波線部(a)・(b)の主語として適当なものを次の選択肢(イ)〜(ハ)の中からそれぞれ一つずつ選べ。

(イ)翁　(ロ)やうやうさまざまなる者ども　(ハ)目一つある者

問3　空欄［Ⅰ］と［Ⅱ］に打消の助動詞「ず」を適切な形に直して入れなさい。

（注）
※1 大柑子（おほかうじ）…大きなみかん。
※2 やうやうさまざまなる者ども…赤鬼・青鬼のようなふつうの鬼だけではなく、百鬼夜行と呼ばれた多様な怪物ども。
※3 天の目…日輪・太陽。

3 全文解釈

（重要語／助動詞／接続助詞／尊敬語／謙譲語／丁寧語）

これも昔、右の顔に大きなる瘤ある翁ありけり。大柑子の程なり。人に交じるに及ば［ね］ば、薪をとりて世を過ぐる程に、山へ行きぬ。雨風はしたなくて帰るに及ばで、山の中に心にもあらずとまりぬ。いかにも山の中にただ一人居たるに、人のけはひのしければ、少し生き出づる心地して、見出しければ、大方やうやうさまざまなる者ども、大方目一つある者あり、口なき者など、大方いかにもいふべきにあら［ぬ］者ども百人ばかりひしめき集りて、火を天の目のごとくにともして、我が居たるうつほ木の前に居まはりぬ。大方いとど物覚えず。

これも昔のことだが、右の顔面に大きなこぶのある翁（老人）がいた。（こぶは）大きなみかんほどだった。（Aは）（こぶを恥じて）他人と交わることができないので、薪を採って生計を立てている頃に、山へ仕事に行った。（Aは）雨風が激しくて帰るに帰ることができず、山中に仕方なく泊まった。（Aは）とりあえず山の（洞穴の）中にただ一人で座っているところに、人の（来る）気配がしたので、（Aは）少しほっとした気持ちになって（穴の中から）外を見たところ、おおよそ種々様々な連中が、おおよそ目が一つある者あり、口のない者など、全く何とも言いようのない異形の者どもが百人ばかり所狭しと集まって、（Bは）火を日輪のように真っ赤にともして、自分（翁）のいる洞穴の木の前にぐるりと輪になって座った。（Aは）全くますます意識がはっきりとしない。

登場人物

A 大きなる瘤ある翁…一人でひっそりと暮らしている。翁とは「老人」のこと。

B 大方やうやうさまざまなる者ども…Aが山中の洞窟で遭遇した異形の者ども。

□★★★ はしたなし【端なし】形ク
①中途半端だ　②そっけない　③激しい・甚だしい

□ こころにもあらず【心にもあらず】連語
①思わず・知らず　②本意ではない・気が進まない（→仕方なく）　③思いもかけない・意外だ

□★★★ ゐ《イ》る【居る】動ワ上一
①座る　②とどまる　③いる

□★★ けは《ワ》ひ【気配】名
①様子・雰囲気・気配　②態度

□★★★ おほかた【大方】副
①ふつう・おおよそ　②全く（←打消）

□★★★ いとど 副
①ますます　②そのうえさらに

□ ものおぼゆ【物覚ゆ】動ヤ下二
①意識がはっきりとする　②物心がつく

❹解答・解説

問1（答 (1)激しくて (2)仕方なく）

(1)は「はしたなく／て」と単語分けされる。「はしたなく」はク活用の形容詞「はしたなし【端なし】」の連用形。「中途半端だ」や「そっけない」と訳すことが多いが、本文のように風雨の状態について「**激しい**」と訳す場合もある。「て」は接続助詞で「**…て**」と単純接続の意味で取る。

(2)は「心／に／も／あら／ず」と単語分けされる。品詞分解すると、断定の助動詞「なり」の連用形「に」に強意の係助詞「も」、「あら」というラ行変格活用動詞「あり」の未然形に打消の助動詞「ず」の連用形が接続している。「本意ではなく」や「意外だ」と訳すこともあるが、ここでは文脈から「仕方なく」と訳すこと。

問2（答 (a)㋑ 翁 (b)㋺ やうやうさまざまなる者ども）

(a)は主語転換用法を使う。前文（4）の「人のけはひのしければ**、**」の「人」とは「やうやうさまざまなる者ども」のこと。接続助詞「ば」の前後で主語が変化している。

(b)は主語同一用法を使う。傍線部の前（7）に「火を天の目のごとくにともし**て、**」とあるので、これと同じ者が主語だと考えるとよい。

問3（答 Ⅰね Ⅱぬ）

空欄［Ⅰ］の後には、未然形か已然形に接続する接続助詞「ば」（「〔もし〕～ならば・～ので」と訳す）があり、打消の助動詞「ず」は未然形がないので、已然形「**ね**」が入る。空欄［Ⅱ］の後には「者ども」という体言があるので、「ず」の連体形「ぬ」が入る。

---

❶…已然形＋接続助詞「ば」は、「原因・理由（…ので）」で訳すのが基本的な用法。

❷…修飾部は長いが一つの主部である。また直後に読点（、）があり「人物、」という形なので、ここが主語。「人物**が**、／人物**は**、」のような助詞を補って訳すこと。

❸…「大方」は打消語とセットになると「全く…ない」の意味になる呼応の副詞。打消語とは「**ず**・じ・まじ・で・なし」の五つのこと。

❹…連体形や体言に接続する「に」は、断定の助動詞「なり」の連用形。断定の助動詞「なり」の連用形「に」は、「にあり」のようにラ変動詞が下に付くことが多い。

基本読解マニュアル③

心中表現文・会話文を区切る

重要度	解答時間	学習日
A	12分	／

Ⅰ 要点整理

❶地の文と「　」の文

左の図のように、古文は**地《じ》の文**と**「　」《カギカッコ》の文**に大きく分けることができます。「　」の文はさらに、**心中《しんちゅう》表現文・会話文・手紙文**（**和歌**も含む）の三つに分けられます。

地の文と「　」の文とでは読解法が大きく異なるので、まずはそれぞれの文の区別と意味を理解しましょう。

古文
- **地《じ》の文** ――「　」の文**以外**で、ふつうに物事を述べている文のこと
- **「　」《カギカッコ》の文**
  - **心中表現文**…登場人物の心の中を表現した文（ふつう「　」は付かない）
  - **会話文**…実際に口に出して話された文（ふつう「　」が付いている）
  - **手紙文**…作中の手紙に書かれた文（**和歌**も含む）

❷心中表現文と会話文の区切り方

会話文は基本的に「　」が付いていることが多いのですが、ない場合もあります。**心中表現文**はふつう「　」が付かず、地の文の中にまぎれ込んでいる場合が多いです。したがって、この二つの文を見つけて「　」が付いていなかったら、**「　」を書き込んで区切りましょう**。そうすることで、

◆**補足説明**

＊1 基本的には、「と思ふ」なら心中表現文、「と言ふ」なら会話文であると考えましょう。「思ふ・言ふ」などの動詞は「敬語」になる場合もあるので注意。
(例) 思ふ→おぼす
言ふ→おほす・申す

主語と述語の関係や文脈が明確になり、読解がしやすくなります。

下図のように、心中表現文・会話文は、**読点**《とうてん》（、）または**句点**《くてん》（。）の直後から始まって、「**とて、**」や「**と思ふ／と言ふ**」[＊1]などの直前で終わるのが原則。この「**と**」は引用（〜と）を表す格助詞で、これがキーワードになります。

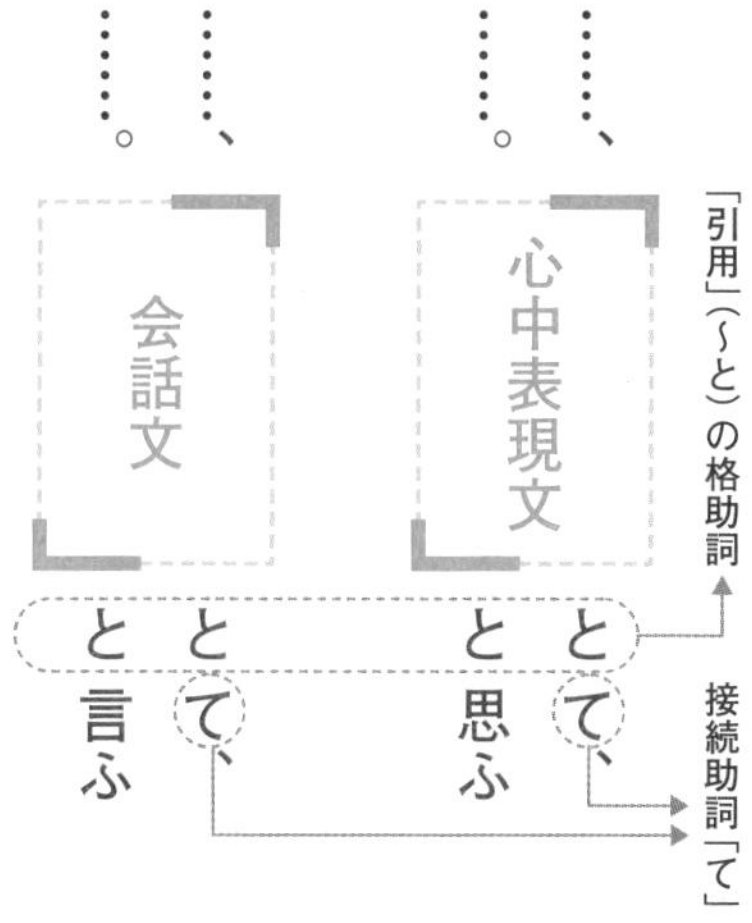

例 （女房の娘は）十七八ばかりなりければ、「これをいかにもして、めやすきさまならせむ」**と思ひける**。（古今著聞集）

▼（女房の娘は）十七、八歳ほどであったので、「この娘をなんとかして（高貴な人と結婚させ）、見苦しくない生活をさせたい」と（女房は）思っていた。

また、古文の「原典」には、基本的に「　」も句読点も付いていません。それを読みやすくするために、近現代の学者らによって「　」や句読点が付け加えられたのが、学校で習う一般的な「古文」なのです。つまり、心中表現文や会話文に「　」を付けるかどうかは、学者ら各人の判断によるので、同じ作品でも、「　」や句読点の有無、漢字表記か平仮名表記かなどに違いが生じます。さらに、大学入試として出題する際に、出題者の判断によって文の一部が変えられる場合もあります。「古文」というのは、かなり人の手が加えられた文章なのだと理解しておきましょう。

❷ 問題演習

次の文章は、『今昔物語集』の「鈴鹿山にして、蜂、盗人を刺し殺せる語」の一節で、水銀商が盗人に積み荷を奪われる場面である。これを読んで後の問いに答えよ。

何也《いかなり》ける盗人にか有りけむ、八十余人心を同《おなじ》くして、鈴香の山にて、国々の行来《ゆきき》の人の物を奪ひ、公《おほや》け私の財《たから》を取《とり》て、皆その人を殺して、年月を送《おくり》ける程に、この水銀商《みづかねあきなひ》、伊勢の国より馬百余匹に諸々《もろもろ》の財を負《おほ》せて、先々《さきざき》のやうに小童部※1を以て追はせて、女どもなどを具して、食物《じきもつ》などせさせて上りける程に、この八十余人の盗人の(a)、こはいみじき痴者※2かな、(1)この物ども皆奪ひ取りてむと思ひて、かの山の中にして、前後《さきしり》にありて、中に立ち挟めておどしければ、小童部は皆逃げて去りにけり。物負《おほ》せたる馬共は、皆追ひ取りつ。水銀商は、辛《から》くして逃げて、高き丘にうち上《のぼ》りにけり。

水銀商、虚空《おほぞら》をうち見上げつつ、声を高くして、いづらいづら、遅し遅しと言ひ立てりけるに、時半ば※3ばかりありて、大きさ三寸ばかりなる蜂の(b)怖ろしげなる、空より出で来て、傍なる高き木の(c)枝に居ぬ。水銀商これ

（注）
※1 小童部（こわらべ）…年の幼い子供たち。
※2 痴者（しれもの）…愚か者。馬鹿者。
※3 時半ば（ときなかば）…1時間ほど。
※4 二丈…1丈は約3メートルであるため、2丈は約6メートル。

★設問のヒント

問2…格助詞「が・の」には五つの用法がある。
㋑ 連体修飾格＝「〜の」
㋺ 主格＝「〜が」
㋩ 同格＝「〜で」
㋥ 準体格＝「〜のもの」
㋭ 比喩＝「〜のような」

を見て、いよいよ念じ入りて、遅し遅しと言ふ程に、虚空に赤き雲二丈[※4]ばかりにて長さ遙かにてにはかに見ゆ。道行く人も、いかなる雲にかあらむと見けるに、この盗人どもは取りたる物どもしたためける程に、この雲やうやく下りてその盗人のある谷に入りぬ。早う、此の雲と見つるは多《おほく》の蜂の群て来るが見ゆる也けり。然て、若干《そこばく》の蜂、盗人毎《ごと》に皆付《つき》て皆螫《さし》殺《ころ》してけり。其の後《のち》、蜂、皆飛去《とびさり》にければ、雲も晴れぬと見えけり。

（今昔物語集　※一部省略）

問1　文章中にある心中表現文を二箇所そのまま抜き出せ。

問2　文章中にある会話文を二箇所そのまま抜き出せ。

問3　二重傍線部(a)～(c)の「の」の用法について、適当なものを次の選択肢の中からそれぞれ選べ。

㋑ 連体修飾格　㋺ 主格　㋩ 同格　㋥ 準体格　㋭ 比喩

問4　傍線部(1)を現代語訳せよ。

3 全文解釈

（重要語／助動詞／接続助詞／尊敬語／謙譲語／丁寧語）

何也けるC盗人にか有りけむ、C八十余人心を同くして、鈴香の山にて、
どんな盗人であったのだろうか、八十数人の者が結束して、鈴鹿の山で、

国々の行来の人の物を奪ひ、公け私の財を取て、皆その人を殺して、年月
国々を行き来する人々の物品を奪い、役所や個人の財宝を奪い取り、皆それらの人を殺して、年月

を送ける程に、❶この A水銀商、伊勢の国より馬百余匹に諸々の財を負せて、
を送っていたが、この水銀商が、伊勢の国〈起点〉から馬百数匹に様々な財物を背負わせて、

先々のやうに B小童部を以て追はせて、女どもなどを具して、食物などせさせ
前々からそうであるように子供をもって（馬を）追わせて、女たちを連れて、食事などを作らせ

て上りける程に、この C八十余人の盗人の〈主格〉、「こはいみじき痴者かな、この物
ながら京に上ったときに、この八十数人の盗人は、「これははなはだしい馬鹿者だなあ、（Aから）この

ども皆奪ひ取りてむ」❷と思ひて、かの山の中にして、前後にありて、中に
積み荷をすべて奪い取ってしまおう」と思って、かの鈴鹿の山中で、（Cが）前後に居て、（Bを）真ん中

立ち挟めておどしければ〈偶然〉、B小童部は皆逃げて去りにけり。❸物負せたる馬共
に取り囲んで脅したところ、子供はみんな逃げ去ってしまった。財宝を背負わせた馬ら

は、皆追ひ取りつ。A水銀商は、辛くして逃げて、高き丘にうち上りにけり。
は、（Cが）すべて追いかけて奪った。水銀商は、**かろうじて**逃げて、高い丘の上に上がってしまった。

登場人物

A **水銀商**…水銀を扱う商人。伊勢国から財物を運びながら、子供たちを連れて上京しようとしている。

B **小童部**…Aが引き連れている年の幼い子供たち。

C **八十余人の盗人**…Aの財物を奪い取ろうとする盗賊。

D **大きさ三寸ばかりなる蜂**…Aが飼い慣らしている大きな蜂。

□もつて【以て】連語
（「もちて」の促音便）
①（接続詞のように用いて）それゆえに・そのために
②（「～をもって」の形で格助詞のように用いて）～をもって・～で
※四段動詞「持ち」＋接続助詞「て」が一語化したもの。

□★★**ぐす**【具す】動サ変
①連れていく・一緒に行く
②備わる・備える

□★★★**いみじ**【忌みじ】形シク
①非常に・はなはだしい ②すばらしい ③恐ろしい

□からくして【辛くして】副
①やっとの事で・かろうじて

水銀商、虚空をうち見上げつつ、声を高くして、「いづらいづら、遅し遅し」

水銀商は、大空をふと見上げながら、声を大きくして「どこだ、どこだ、遅いぞ、遅いぞ」

と言ひ立てりけるに、時半ばかりありて、大きさ三寸ばかりなる蜂

と言いながら立っていると、1時間ほど経って、大きさが三寸（約9㎝）ほどある蜂で

の怖ろしげなる、空より出で来て、傍なる高き木の枝に居ぬ。水銀商これ

恐ろしげなの（蜂）が、空から現れて、そばにある高い木の枝にとまった。水銀商はこれ（＝

を見て、いよいよ念じ入りて、「遅し遅し」と言ふ程に、虚空に赤き雲二丈

D）を見て、いちだんと心をこめて、「遅い遅い」と言ううちに、大空に赤い雲が二丈（＝約六

ばかりにて長さ遥かにてにはかに見ゆ。道行く人も、「いかなる雲にかあら

m）ほどでずっと遠くまで続いているものが急に現れた。道を行く人も、「一体何の雲なのだろう」

む」と見けるに、この盗人どもは取りたる物どもしたためける程に、この

と見ていると、あの盗賊らが奪い取った物品を整理しているうちに、この

雲やうやく下りてその盗人のある谷に入りぬ。早う、此の雲と見つるは多

雲がだんだん下りてきてその盗賊らがいる谷に入った。なんと、この雲と見えたのはたくさん

の蜂の群て来るが見ゆる也けり。然て、若干の蜂、盗人毎に皆付て皆螫

の蜂が群がって来る（様子）がそう見えたのだった。そうして、たくさんの蜂が、盗賊一人一人に襲い掛かり皆刺し

殺してけり。其の後、蜂、皆飛去にければ、雲も晴れぬと見えけり。

殺してしまった。その後、蜂は、皆飛び去って行くと、雲が晴れたようになったのだった。

□にはかなり【俄なり】形動ナリ
①突然だ・急だ

❶…格助詞「の」には以下の用法があるので、文脈によってどれが適切か判断しましょう。
①主格（～が）
②連体格（～の）
③同格（～で）
④準体格（～のもの）
⑤比喩（～のような／～のように）

❷…助動詞「つ」「ぬ」が推量・推定の助動詞「む」や「べし」とくっつくと、「**きっと…**」と訳す**強意**（確述）の意味になる。ただし、「む」や「べし」が意志の場合、完了のままでよいとする。

❸…「に」（助動詞「ぬ」の連用形）＋「けり」の「に」は完了で訳す。

❹ 解答・解説

問1（答）**こはいみじき痴者かな、この物ども皆奪ひ取りてむ／いかなる雲にかあらむ**）

　心中表現文は、句読点の直後から始まる、「〜とて」「**〜と思ふ**」などの「〜」にあたる箇所。体言や活用語の連体形に接続する終助詞「かな」は詠嘆の意味をもち、「〜だなあ」と訳す。和歌で登場することが多いが、心中表現文にもしばしば用いられる。

問2（答）**いづらいづら、遅し遅し／遅し遅し**）

　会話文は、句読点の直後から始まる、「〜とて」「**〜と言ふ**」などの「〜」にあたる箇所。直前に「声を高くして、」（訳：大声で）という表現があるように、前後の文脈からも判断することができる。

問3（答）**ⓐ㋺　主格　ⓑ㋩　同格　ⓒ㋑　連体修飾格**）

ⓐ…下に続く会話文の後の「と思ひて」を修飾するので、「〜が」と訳す**主格**用法。

ⓑ…ナリ活用の形容動詞「怖ろしげなり」の**連体形**（怖ろしげなる）が直後に続いており、「恐ろしげなる（蜂）」のように「蜂」という体言が補足できる（省略されている）。このような形の「の」は、「〜で」と訳す**同格**用法。

ⓒ…直前の「枝」を修飾しており、「〜の」とそのまま訳せるので**連体修飾格**の用法。

問4（答）**この積み荷をすべて奪い取ってしまおう**）

　「この物ども」とは商人が馬に積んでいた荷物のことであり、「てむ」は、完了（強意）の助動詞「つ」の未然形（て）に意志の助動詞「む」の終止形（む）が接続したもの。「〜てしまおう」と訳すこと。

水銀商は日頃から、この蜂たちにお酒まで飲ませて大切に処遇していたそうです。なんとも心強い用心棒ですね。心中表現文があることによって、事実だけが書かれているよりもリアリティを感じられたのではないでしょうか。第１回で読んだ『伊勢物語』の、男女の行動から感情を推察させる情緒的な文章とは異なる面白さがありますね。

第4回 演習 EXERCISE

基本読解マニュアル④

挿入句を区切る

重要度	B
解答時間	5分
学習日	／

❶要点整理

地の文の中に、作者や話し手の疑問や意見などが挿入されたものを「挿入句《そうにゅうく》」といいます。挿入句は、文の流れを止めないために言葉を割り込ませるレトリック[*1]です。挿入句の箇所をしっかりと見抜き、（　）で区切れば、主語と述語の関係や文脈が明確になります。

例 （大みそかの夜、京の者どもが）走りありきて、（何事にかあらむ、）ことことしくののしりて、（徒然草）

▼（大みそかの夜、京の者どもが）走りまわって、**何事であろうか、**大げさにわめきたてて、

下図のように、挿入句は基本的に、**読点（、）の直後から始まり、最後が**「…にや、／…にか、／…推量[*2]、」という形になっています。読点（、）で区切って地の文に挟み込んでいるので、挿入句のことを「**ハサミコミ**」ともいいます。

……、（…にや、／…にか、／…推量、）……。

挿入句

推量 → 「む・らむ・けむ」など

◆補足説明

＊1 レトリック…言葉を巧みに用いて美しく効果的に表現すること。また、その技術。

＊2 推量…推量の助動詞「む・けむ・らむ」などのこと。「…む、／…けむ、／…らむ、」という形も挿入句としてよく使われる。

❷ 問題演習

次の文章は『更級日記』の冒頭の一節である。これを読んで後の問いに答えよ。

東《あず》路《まぢ》の道の果てよりも、※1なほ奥つ方に生ひ出でたる人、いかばかりかはあやしかりけむを、いかに思ひ始めけることにか、世の中に物語といふもののあんなるを、(1)いかで見ばやと思ひつつ、つれづれなる昼間、宵居《よひゐ》などに、姉、継母などやうの人々の、その物語、かの物語、※2光源氏のあるやうなど、ところどころ語るを聞くに、(2)いとどゆかしさまされど、わが思ふままに、そらにいかでかおぼえ語らむ。

（更級日記　※一部省略）

問1　本文の中から一五字以内の挿入句をそのまま抜き出せ。

問2　二重傍線部「なる」を、次の㈹にならって品詞説明をせよ。

㈹昔、男ありけり。→過去の助動詞「けり」の連体形

問3　傍線部(1)・(2)を現代語訳せよ。

（注）

※1 なほ奥つ方に生い出でたる人…筆者本人のこと。

※2 光源氏のあるやう…『源氏物語』の主人公光源氏のあり様。

❸ 全文解釈

（■重要語／■助動詞／■接続助詞／■尊敬語／■謙譲語／■丁寧語）

東路の道の果てよりも、**なほ**奥つ方に生ひ出でたる人（A）、いかばかりかは

東国へ向かう道の最果てよりも、〈比較〉**さらに**奥の方で育った人（私）は、どんなにか

あやしかりけむを、（**いかに**思ひ始めけることにか、）世の中に物語といふ

みすぼらしかったであろうに、〈逆接〉**どのようなわけ**で思い始めたことであるのか、世の中に物語という

もののあんなるを、「**いかで**見ばや」と思ひつつ、**つれづれなる**昼間、宵居

〈主格〉❶ものがあるようであるのを、（A＝私は）「**なんとかして**（物語を）**見たい**」❷〈自願〉と思い続けて、**退屈な**昼間や、夜起きている

などに、姉、継母などやうの人々（B）の、その物語、かの物語、光源氏（C）のある

ときなどに、姉や継母などのような人々が、〈主格〉❸その物語、あの物語、光源氏の

やうなど、ところどころ語るを聞くに、いとど**ゆかしさまされ**ど、わが思ふ

様子など、あれこれ話すのを（A＝私が）聞いていると、❹**ますます見たさが強まるけれども**、私が望む

ままに、**そらにいかでか**おぼえ語らむ。

とおりに、（Bが）**暗記してどうして**覚えて語ってくれるだろうか、〈反語〉いや語ってくれない。

登場人物

A **なほ奥つ方に生ひ出でたる人（私）**…筆者。物語を読んだことがなく、読んでみたいと強く思っている。

B **姉、継母などやうの人々**…Aの姉や継母などまわりの人々。

C **光源氏**…源氏物語の主人公。

- □**なほ**【猶・尚】副 ★★★
  ①やはり ②まるで〈↓ごとし〉 ③さらに・もっと
- □**あやし**【賤し・怪し】形シク ★★★
  ①不思議だ ②みすぼらしい ③身分が低い
- □**いかに**【如何に】副 ★★★
  ①どのように ②なぜ
- □**いかで**【如何で】副 ★★★
  ①なんとかして〈↓願望〉 ②どうして〈↓推量〉
- □**つれづれなり**【徒然なり】形動ナリ ★★★
  ①退屈だ ②さびしい
- □**ゆかし**【床し】形シク ★★★
  ①見［聞き／知り］たい ②心がひかれる
  ※「さ」は名詞を作る接尾語
- □まさる【増さる】動ラ四
  ①増える・強まる

❹ 解答・解説

問1（答）**いかに思ひ始めけることにか、**（一四字）

挿入句は基本形に「、…にや、」「、**…にか、**」「、…推量、」という形。読点も含むので注意。筆者は自分が物語に興味をもつようになった理由について一文挿入している。

問2（答）**伝聞の助動詞「なり」の連体形**

「あんなる」の「あん」は、ラ変動詞「あり」の**連体形**「ある」が撥音便[*1]化したもの。動詞の終止形、またはラ変型に活用する語の**連体形**に接続する「なり」は、伝聞・推定の助動詞。伝え聞いた噂の場合は伝聞、実際に耳で聞いた根拠にもとづく場合は推定の意味になるので、ここでは**伝聞**で取るのが適切。

問3（答）（例）**(1)なんとかして（物語を）見たい　(2)ますます見たさが強まるけれども**

(1)…「いかで」は、下に願望の表現がくる場合は「**なんとかして**」と訳す副詞。「見」はマ行上一段活用動詞「見る」の未然形。ここでは「（物語を）読む」と意訳してもよい。「ばや」は未然形に接続して自己の願望（…**したい**）を表す終助詞。

(2)…「いとど」は「ますます」などと訳す副詞。「ゆかしさ」は、「見たい・聞きたい・知りたい」などと訳すシク活用の形容詞「ゆかし」に、接尾語「さ」が付いて名詞化した形。「ますます物語を読みたいと思う気持ちが強くなるが」などと意訳しても可。

□[*] そらなり【空なり】形動ナリ
①うつろだ・うわのそらだ
②いいかげんだ
③暗記して・そらんじて

❶…動詞の終止形（またはラ変動詞の連体形）接続の「なり」は、伝聞・推定の助動詞。

❷…接続助詞「ばや」は願望の終助詞で自己の願望（…したい）を表す。

❸…格助詞「の」の下に「、」がある場合は、主格か同格の用法。同格の形（＝「の」の下に連体形があり、その連体形の下に「の」の上にある体言を補うことができる形）ではないので、ここでは主格だとわかる。

❹…「ゆかしさ」の「さ」は接尾語。形容詞「ゆかし」に付いて名詞化している。

＊1 撥音便（はつおんびん）化…用言（の連用形または連体形）の語尾が「**ん**」に代わること。

COLUMN 古文の名場面①

紫草の縁 ～藤壺と若紫～

Ⅰ　紫の　一本《ひともと》ゆゑに　武蔵野の　草はみながら　あはれとぞ見る　（古今和歌集）

Ⅱ　限りなう心を尽くし聞こゆる人に、いとよう似奉れるがまもらるるなりけり、と思ふにも涙ぞ落つる。（源氏物語・若紫）

Ⅰは、『古今和歌集』の所収歌で、「紫草《むらさきそう》が一本あるだけで、武蔵野のすべての草がしみじみと懐かしいと思われることだ。」と訳します。「紫」とは紫草のこと。その根から貴重な紫色の染料が取れる植物です。武蔵野は武蔵の国にある広野のことで、紫草の産地でもあります。この歌の「紫の一本」がいつの間にか「最愛の人」を指すようになり「その人を愛するがゆえに、その人につながりのある人は皆いとしく思われてしまう」という意味の歌となりました。この歌にあるような人間模様（特に男女関係）を「紫草の縁《ゆかり》」と言います。

Ⅱは、若紫を見つけたときの光源氏の様子です。「限りなく心をお寄せ申し上げるお方（＝藤壺）に、（若紫が）よく似申し上げていることで、（光源氏は自然と）目が釘付けになってしまうのだ、と思うにつけても涙がこぼれてくるよ。」のように訳すことができます。光源氏の最愛の女性は藤壺であり、藤壺の「藤」は紫色の花です。その藤壺と血縁のある若紫に出会い、一目ぼれする源氏。「紫草の縁」の知識があると、この場面をより興味深く感じることができますね。その知識があるかないかで、別の面白さが加わる。古文にはそんなシーンが多いのです。

第2章

読解に活かす敬語

◆敬語を「主語の補足」に活かす

古代の日本は階級社会であり、同じ貴族であっても、約三〇段階の「位階《いかい》」が、人それぞれに与えられていました。そして、自分より位が上の人が行なう動作は**尊敬語**で表し、自分より位が上の人が受ける動作は**謙譲語**で表す。そうやって**敬意**を表さないと無礼とされるため、現代よりも頻繁に**敬語**（尊敬語・謙譲語・丁寧語）が使用されていたのです。

この敬語の知識も、「**主語の補足**」に役立てることができます。第2章では、最初に主な敬語（次頁参照）を確認し、それらの敬語をどのように読解に活かしていくのかを、軽めの演習を通じてマスターしていきましょう。

【主な尊敬語】

最 ←最高敬語の印

最高敬語	頻出度	尊敬語	漢字表記	活用	通常語	訳し方（本動詞）
	★★★	たまふ	【給ふ】	ハ四	与ふ　やる	お与えになる・くださる（補助動詞の場合）「お～になる・～なさる」
	★	たぶ（たうぶ）	【賜ぶ・給ぶ】	バ四		
最		たまはす	【賜はす】	サ下二		お与えになる・お下しになる
	★★	おはす	【御座す】	サ変	あり　をり　行く　来	いらっしゃる（補助動詞の場合）「～ていらっしゃる」
最	★★	おはします	【御座し坐す】	サ四		
		いまそがり	【在そがり】	ラ変		
	★★	のたまふ	【宣ふ】	ハ四	言ふ	おっしゃる
最	★	のたまはす	【宣はす】	サ下二		
	★★	おほす	【仰す】	サ下二		
	★★★	おぼす	【思す】	サ四	思ふ	お思いになる
		おもほす	【思ほす】	サ四		
	★	きこす	【聞こす】	サ四	聞く　言ふ	お聞きになる・おっしゃる
	★★	めす	【召す】＊1	サ四	飲む　食ふ　着る　乗る	お召しになる
最	★	あそばす	【遊ばす】	サ四	す	なさる
最	★★	ごらんず	【御覧ず】	サ変	見る	ご覧になる
最	★	おほとのごもる	【大殿籠る】	ラ四	寝　寝ぬ	おやすみになる
	★	つかはす	【遣はす】	サ四	遣る	おやりになる

◆補足説明

＊1 「めす」が**補助動詞**の場合、敬意を含む動詞（敬語動詞）の**連用形**に付いて、**さらに敬意を高める（最高敬語にする）**働きをする。

㊞おぼす＋**めす**→おぼし**めす**

㊞きこす＋**めす**→きこし**めす**

＊2 「きこゆ【聞こゆ】」は、**自動詞**（動作の対象〔＝目的語〕を取らない動詞）の場合は、「**聞こえる・評判になる**」という意味のふつうの動詞として用いられる。一方、**他動詞**（動作の対象〔＝目的語〕に働きかける動詞）の場合は、「言ふ」の**謙譲語**となる。

＊3 「たてまつる」「まゐる」は主に**謙譲語**として使われるが、時々**尊敬語**（訳：**召し上がる・お乗りになる**）としても用いられる。

【主な謙譲語】

（絶）←絶対敬語の印

絶対敬語	頻出度	謙譲語	漢字表記	活用	通常語	訳し方（本動詞の場合）
	★★★	まうす	【申す】	サ四	言ふ	申し上げる（補助動詞の場合）「お～する・（お）～申し上げる」
	★★★	きこゆ	【聞こゆ】＊2	ヤ下二		
（絶）	★	きこえさす	【聞こえさす】	サ下二		
（絶）		そうす・けいす	【奏す・啓す】	サ変		※「**奏す**」は**天皇**に対して、「**啓す**」は**中宮や皇太子**に対して「**申し上げる**」の意。
	★★★	たてまつる	【奉る】＊3	ラ四	与ふ やる	差し上げる・献上する（補助動詞の場合）「お～する・（お）～申し上げる」
（絶）	★★★	まゐらす	【参らす】	サ下二		
	★★★	まゐる	【参る】	ラ四	行く やる	参上する・差し上げる
	★	まうづ	【詣づ】	ダ下二	行く	参上する・参詣する
	★	まかる・まかづ	【罷る・罷づ】	ラ四	去る 出づ	退出する
	★★	うけたまはる	【承る】	ラ四	聞く 受く	お聞きする・伺う・いただく
	★	たまはる	【賜る】＊4	ラ四	受く	いただく・頂戴する
	★★	たまふ	【給ふ】＊5	ハ下二		～せていただく（～です／ます）

【主な丁寧語】

頻出度	丁寧語	漢字表記	活用	通常語	訳し方（本動詞の場合）
★★★	はべり	【侍り】＊6	ラ変	あり をり	あります・おります（補助動詞の場合）「～です／ます」
★★	さぶらふ（さうらふ）	【候ふ】	ハ四		

＊4「たまはる」は主に**謙譲語**として使われるが、時々「たまふ」と同じ意味の**尊敬語**（訳：**お与えになる**）としても用いられる。

＊5「給ふ」は**謙譲語**として用いられる場合もあり、謙譲語の場合は八行**下二段**活用（給［へ―へ―ふ―ふる―ふれ―へよ］）になる。謙譲語の場合は主に**補助動詞**として使われ、「**～せていただく**」もしくは「**～です／ます**」と丁寧語風に訳します。

㊀ 主人の女ども多かりと聞き**給へ**て、（訳：主人の娘たちが多いと聞か**せていただい**て、＝聞き**まして**、）

＊6「侍り・候ふ」は、**本動詞**の場合、「**お仕えする**」と訳す**謙譲語**になることもあるので注意。

第5回 演習 EXERCISE

読解に活かす敬語①
地の文の敬語

❶ 要点整理

敬語には、**尊敬語《そんけい》**・**謙譲語《けんじょう》**・**丁寧語《ていねい》**の3種類があります。

① **尊敬語**…**身分の高い、動作の主体（主語）**を高める表現。
② **謙譲語**…**動作の受け手（目的語）**を高める表現。
③ **丁寧語**…読者や聞き手に対する丁寧な表現。「侍《はべ》り・候《さぶら》《さうら》ふ」の2語のみ。

古文の作者は基本的に、主語に応じて敬語の有無や種類を使い分けています。よって、左図のように、地の文にある敬語を見れば、（省略された）主語を補足することができます。

地の文＊1
- **尊敬語**――〈その文の主語〉▶**高貴な人**…動作主である**高貴な人**を高めるため
  ※尊敬語無し→その動作の主語は高貴でない人
- **謙譲語**――**（比較的）高貴でない三人称**＊2…動作の受け手である**（比較的）高貴な三人称**を高めるため
  （日記・随筆）→**一人称が多い**…（謙遜して）**自分**の動作の受け手を高めるため
- **丁寧語**――作者が読者に対して（敬意を払い）丁寧に語っているだけ

重要度
S
解答時間
5分
学習日
／

◆**補足説明**

＊1 地の文では、敬意の方向は必ず作者から動作の主体や受け手、読者へとなる。
＊2 三人称…一人称（＝話し手〔私〕）・二人称（＝聞き手〔あなた〕）以外の人や物。

◆2 問題演習

次の文章は『竹取物語』「帝の求婚」の一節である。これを読んで後の問いに答えよ。

御門※1仰せ給はく、「造麻呂※2が家は山もと近かなり。御狩※3の御幸(a)したまはむやうにて、見てんや」とのたまはす(b)。造麻呂が申す(c)やう、「いとよきことなり。なにか。心もとなく※4てはべらむ(d)に、ふと御幸して御覧ぜば、御覧ぜられなむ」と［1］ば、帝、にはかに日を定めて御狩に出で給うて、かぐや姫の家に入り給うて見［2］に、光満ちて清らにて居たる人あり。（竹取物語）

問1 二重傍線部(a)の読みを次の選択肢①〜④の中から一つ選びなさい。

① みこう　② おんこう　③ みゆき　④ おせち

問2 傍線部(b)・(c)・(d)は誰から誰への敬意を表したものか。例にならって、適当なものを後の記号から選んで答えよ。

例 イ→ハ（帝からかぐや姫への敬意）

イ 帝　ロ 造麻呂　ハ かぐや姫　ニ 作者

問3 空欄［1］と［2］に最も適した敬語を以下の語群からそれぞれ一つずつ選び、適当な形に直して入れよ。

（給ふ　奏す　啓す　奉る　参る　詣づ　罷る）

（注）
※1 御門（みかど）…帝。
※2 造麻呂（みやつこまろ）…竹取の翁のこと。
※3 御狩（みかり）…主に鷹を用いて行なう狩猟。
※4 心もとなくて…ぼんやりとして。

3 全文解釈

（■重要語／■助動詞／■接続助詞／■尊敬語／■謙譲語／■丁寧語）

[1] 御門(A)❶仰せ給はく、「造麻呂(B)❷が家は山もと近か❸なり。御狩の御幸したまは

帝が仰せられることには、「造麻呂の家は山のふもとに近いようだ。御狩の行幸（お出かけ）をなさる

[2] むやうにて、見てんや」とのたまはす。造麻呂(B)が申すやう、「いとよきこと

ようにして、（Cを）見てしまおうか」とおっしゃる。造麻呂が（Aに）申し上げることには、「大変良いこと

[3] なり。なにか。心もとなくてはべらむに、ふと御幸して御覧ぜば、御覧ぜ

です。いやいや。（Cが）ぼんやりとしておりますときに、（Aが）不意に行幸してご覧になるなら、（Cを）きっと

[4] られな❹む」と奏すれば、帝(A)にはかに日を定めて御狩に出で給うて、かぐや姫(C)

ご覧になれるでしょう」と（帝に）申し上げるので、帝はすぐに日を決めて御狩にお出ましになり、かぐや姫

[5] の家に入り給うて見給ふに、光満ちて清らにて❺居たる人あり。

の家に入りなさってご覧になると、辺り一面に光り輝いて上品で美しい姿で座っている人がいる。

登場人物

A 御門（帝）…天皇。美しいと噂のCを一目見たいと思っている。

B 造麻呂…竹取の翁。かぐや姫の育ての親。

C かぐや姫…とても美しい姫。Bが光る竹の中から見つけた。

□みゆき【行幸・御幸】名
①天皇のお出かけ
②上皇・女院などのお出かけ
※平安時代末期までは、天皇などの貴人の外出をまとめて「みゆき【行幸・御幸】」と表していた。中世以降は、天皇の外出を「行幸（ギョウゴウ）」、上皇（法皇）・女院などの外出を「御幸（ゴコウ）」と音読して区別するようになった。

□★★★こころもとなし【心許無し】形ク
①気がかりだ ②じれったい
③ぼんやりとしている

□★★★きよらなり【清らなり】形動ナリ
①上品で美しい

❶…「仰す」「給ふ」共に尊敬語で、これは二重敬語＝最高敬語である。

❹ 解答・解説

問1（答 ③ **みゆき**）…「御幸」は「みゆき」と読み、天皇など特定の貴人のお出かけという意味。中世以降は「ごかう」《ゴコウ》と音読し、上皇・女院などの外出を表した。『竹取物語』は平安前期の物語。

問2（答 (b)㊁→㋑ (c)㊁→㋑ (d)㋺→㋑）

(b)…「のたまはす」は「おっしゃる」と訳す尊敬語。**作者**が動作の主体（＝**帝**）を高めている。

(c)…「申す」（訳：申し上げる）は謙譲語。**作者**が造麻呂からの動作の受け手（＝**帝**）を高めている。

(d)…話し手の**造麻呂**が聞き手の**帝**に（敬意を払って）丁寧な表現をするため、丁寧語「侍り」が使われている。文の主語（＝Cかぐや姫）は関係ない。**地の文は「作者から」の敬意**であるが、**会話文は「話し手から」の敬意**である点に注意。

問3（答 **1奏すれ 2給ふ**）

1…造麻呂が帝に「申し上げる」場面なので、「（元）天皇に申し上げる」という意味の謙譲語「奏す」が適当。「奏す」は、奏［せ－し－す－する－すれ－せよ］と活用する**サ変動詞**である点に注意。［1］の直後には未然形または已然形に接続する接続助詞「ば」がある。「未然形＋ば、」は**順接の仮定条件**（（もし）…ならば）、「已然形＋ば、」は**順接の確定条件（原因・理由）**（…ので）の意味。どちらが適当かは文脈から判断する。造麻呂が帝に「奏す」のは、仮定ではないので、「已然形＋ば、」が適当。よって、已然形「**奏すれ**」が正解。

2…主語同一用法により、「見［2］に、」の主語は「帝」であるとわかる。よって、主語を高める尊敬語「給ふ」が適当。空欄直後の「に」は接続助詞で、**連体形**に接続する。「給ふ」はハ行四段活用なので、連体形は「**給ふ**」になる。

---

❷…格助詞「が」の下に体言がある場合、連体格（〜の）の意味で取る。

❸…「近か」は、形容詞「近し」の**連体形**「近かる」が撥音便化して「近かん」となり、この「ん」が消えたもの。ラ変型に活用する語の**連体形**に付く「なり」は**伝聞・推定**の助動詞。

❹…強意の助動詞「ぬ」の未然形「**な**」に推量の助動詞「**む**」の終止形が接続したもの。「きっと…だろう」と訳す。

❺…「たり」の上の動詞が継続的な「状態」を表す動詞の場合「存続」（…ている・…てある）の意味で取る。

●アドバイス

「仰せ給はく・のたまはす・給う・給ふ」という尊敬語の主語はすべて「御門」であり、その後に続く「申す・奏す」という謙譲語の目的語（動作の受け手）は「御門」です。**尊敬語の主語は、その後に続く謙譲語の目的語になりやすい**。これを読解に活かしましょう。

読解に活かす敬語②

尊敬語と最高敬語

重要度	解答時間	学習日
A	10分	／

❶要点整理

文中に高貴な人が複数登場するとき、ふつうに**高貴な人**の動作は単なる**尊敬語**で表し、天皇や中宮など**飛び抜けて高貴な人**の動作は最高敬語＊1（二重敬語）で表す傾向があります。これを、省略された主語の補足に役立てましょう。

【最高敬語の4パターン】

	最高敬語（二重敬語）のパターン	最高敬語（二重敬語）の例	訳し方
①	尊敬の助動詞「す・さす・しむ」＋尊敬語「たまふ」（補助動詞の用法）	～せたまふ・～させたまふ・～しめたまふ	～なさる／お～になる
②	敬語動詞＊2＋尊敬の助動詞「る・らる」	思《おぼ》さる・仰《おほ》せらる	お思いになる・おっしゃる
③	二重敬語が一語化したもの	おはします・のたまはす・思《おぼ》し召《め》す・聞《き》こし召《め》す	いらっしゃる・おっしゃる・お思いになる・お聞きになる
④	1語で最高の敬意を表す敬語動詞	あそばす・ごらんず・おほとのごもる	（～）なさる・ご覧になる・おやすみになる

◆補足説明

＊1 **尊敬語が二つ重なった**形（尊敬語＋尊敬語）のこと。

＊2 敬語動詞…尊敬の助動詞などが下に付かなくても、単体で敬意を表すことができる（その語自体に敬意が含まれている）動詞のこと。
㈲ 思す・仰す・召す

●尊敬の助動詞に注意

助動詞「す・さす・しむ」の尊敬用法は、「**せたまふ**・**させたまふ**・**しめたまふ**」のように、尊敬の補助動詞「たまふ」に接続し、「給ふ」単独のものよりも、敬意を強調するものです。一方、助動詞「る・らる」の尊敬用法は、**単独**で使用され、ふつうの敬意を表します。これらの助動詞で主語がわかる場合もあるので、読解の際には注意してください。

❷問題演習

次の文章は『枕草子』第一二四段「関白殿、黒戸より出でさせたまふとて」の一節です。これを読んで後の問いに答えよ。

関白殿[※1]、黒戸[※2]より出で(a)させ給ふとて、(1)女房のひまなくさぶらふを、「あないみじのおもとたちや。(b)翁をいかに笑ひ給ふらむ」とて、(2)分け出でさせ給へば、戸口近き人々、色々の袖口して、(c)御簾引き上げたるに、権大納言殿[※3]の、御沓《くつ》取りて履か(d)せ(e)奉り(f)給ふ。

（枕草子）

（注）
※1 関白殿…藤原道隆。中宮定子の父。「翁」は自称。
※2 黒戸…宮中の清涼殿の北側、滝口の西の北廊にある部屋のこと。また、その部屋の戸。仏間に用いられた部屋のこと。
※3 権大納言…藤原伊周。中宮定子の兄。

問1 次の㋫にならって、波線部(a)・(d)の品詞説明をせよ。

㋫昔、男ありけり。→過去の助動詞「けり」の終止形。

問2 傍線部(1)を現代語訳せよ。

問3 二重傍線部(b)・(c)の読みを答えよ。

問4 傍線部(2)の動作主として適当なものを次の選択肢㋑〜㋥の中から選び、記号で答えよ。

㋑関白殿　㋺権大納言　㋩女房（戸口に近き人々）　㋥筆者

問5 二重傍線部(e)「奉り」と(f)「給ふ」は誰から誰への敬意か。次の㋫にならい、**問4**の選択肢㋑〜㋥を用いてそれぞれ答えよ。

㋫㋩→㋑（女房から関白殿への敬意）

❸ 全文解釈

（■重要語／■助動詞／■接続助詞／■尊敬語／■謙譲語／■丁寧語）

関白殿、黒戸より出でさせ給ふとて、女房のひまなくさぶらふを、「あないみじのおもとたちや。翁をいかに笑ひ給ふらむ」とて、分け出でさせ給へば、戸口近き人々、色々の袖口して、御簾引き上げたるに、権大納言殿の、御沓取りて履かせ奉り給ふ。

関白殿が黒戸よりお出ましになるということで、女房がすき間なくお仕えしていると、（Aは）「ああ、すばらしい女房たちだ。この老人をどれほどお笑いになっていることだろう」と言って、（Aが）（人波を）かき分けて出てこられたので、戸口の近くの女房たちが、色とりどりの袖口で、御簾を引き上げたところ、権大納言殿が、（Aの）おくつを手に取ってお履かせ申し上げなさる。

登場人物

A 関白殿…藤原道隆。
B 女房…Aに仕えている女性たち。
C 権大納言…藤原伊周。Aの息子。

□ひまなし【隙なし・暇なし】形ク
①すき間がない　②絶え間がない　③ひっきりなしである

□いみじ【忌みじ】形シク ★★★
①非常に　②すばらしい　③恐ろしい

□いかに【如何に】副 ★★★
①どのように　②なぜ　③どれほど・どんなに

❶…助動詞「す・さす・しむ」は、直後に尊敬語（「給ふ」など）がある（且つ上に「～に」という**使役の対象**がない）場合、**尊敬**の意味になる。この「させ＋給ふ」は二重敬語の形なので、主語は「飛び抜けて高貴な人＝関白殿（A）」である。

❷…「〔主語〕**の、**」という形は「〔主語〕**が、**」または「〔主語〕

❹ 解答・解説

問1（答 (a)尊敬の助動詞「さす」の連用形　(d)使役の助動詞「す」の連用形）

(a)…「させ給ふ」は尊敬語が二つ重なった二重敬語（⬇❶）。

(d)…「履かせ」は、（権大納言が関白におくつを）履か**せる**という**使役**の意味。助動詞「す・さす・しむ」は、下に「給ふ」などの尊敬語が付かなければ**使役**の意味になる。

問2（答 (1)**女房がすき間なくお仕えしていると**）…「女房の」の「の」は、格助詞「の」の主格用法（〜が）。「ひまなく」は「**すき間なく**」という意味。「さぶらふ」は謙譲語で「お仕えする」の意。丁寧語で「あります・おります」の意味もあるが、宮中に仕えている女房という文脈なので、謙譲語で訳すのが適当。

問3（答 (b)**おきな**　(c)**みす**）

(b)…翁《おきな》（おじいさん）と媼《おうな》（おばあさん）はセットで覚える。なお、ここでの例のように、老人が自分のことを謙遜して「老人・じじい」といった意味で使う場合もある。

(c)…「御簾《みす》」は簾《すだれ》の尊称。「几帳《きちやう》・屏風《びやうぶ》・扇《あふぎ》」と共に、姿を隠すための道具である。

問4（答 (イ) **関白殿**）…「分け出でさせ給へば」の「させ給へ」は**二重敬語**。選択肢の中で二重敬語が使用されるにふさわしい「飛び抜けて高貴な人」は**関白殿**である。

問5（答 (e)(ニ)→(イ)　(f)(ニ)→(ロ)）

地の文にある敬語は、常に**作者（筆者）から**の敬意。(e)の「奉り」は**謙譲**の補助動詞なので、**動作の受け手**（＝**関白殿**）を高める。(f)の「給ふ」は**尊敬**の補助動詞なので、**動作の主体**（＝**権大納言**）を高める。

は、」と訳す。この「の」は主格用法の格助詞。

❸…謙譲語「奉り」は、「くつを履かせる」という動作の受け手である関白殿への敬意で、「給ふ」は動作主である権大納言殿への敬意である。

●アドバイス

ここでは、飛び抜けて高貴な関白殿には最高敬語が使われ、その息子である権大納言にはふつうの尊敬語が使われるなど、敬意の強さに差異があります。この差異に注目して主語を決定するのは大変有効です。ただ、敬語は、非常に規則的・統一的に使用される場合と、そうでない場合があります。読解の一つの「目安」として考えてください。ちなみに、「枕草子」の主語は「中宮定子」か「権大納言」であることが多いので、頭に入れておくとよいでしょう。

読解に活かす敬語③
「 」の文の尊敬語

重要度 A
解答時間 6分
学習日 ／

I 要点整理

地の文にある敬語に注目して（省略された）主語を補足するように、「 」の文にある敬語を見れば、話し手と聞き手との関係がはっきりし、（省略された）主語を補うことができます。尊敬語・謙譲語・丁寧語のそれぞれで読解マニュアルが異なります。

まずは「 」の文の尊敬語から始めますが、**「 」の中にある尊敬語の主語は、（高貴な）二人称か三人称である**[*1]と考えてください。

例 （男は女に）「世の中の思ひのほかにてある事。いかにしてものし**給ふ**とも、忘れで消息もし**給へ**。〈中略〉」など言ひけり。（古本説話集）

▼「私たちの仲が（このように）思いがけないことになっている事（は残念だ）。**（あなた（＝二人称）が）**どのようにして**いらっしゃっ**ても、忘れないで**（あなたは）**お手紙をなさって（尊敬語）ください。〈中略〉」などと言った。

「 」の文（心中表現文・会話文・手紙文）――**尊敬語**

〈その文の主語〉▼ ※＜の右側にある方が頻度が高い

- **二人称**…（高貴な）**話し相手**（＝動作主）を高めるため
- ＜ **三人称**…その場にいない**高貴な三人称**（＝動作主）を高めるため
- ＜ **一人称**…自分（＝動作主）を高める（天皇の自敬表現）

◆補足説明

＊1 基本的に「二人称」の場合が多く、その次に「三人称」の場合が多い。「一人称」は例外的で、天皇が話すときに自分の動作を尊敬語で表すという「**自敬《じけい》表現**」として使われる。その文章を書いた作者（筆者）が、天皇に敬意を払って、天皇の言動をすべて尊敬語で表していたと考えてほしい。

❷ 問題演習

次の文章は『堤中納言物語』「虫めづる姫君」の一節で、虫を愛してやまない風変わりな姫君の世間体を気にして、親たちが嘆息している場面である。これを読んで後の問いに答えよ。

親たちは、「いとあやしく、さまことに(a)おはするこそ」と(b)思しけれど、「(c)思し取りたることぞあらむや。あやしきことぞ。思ひて聞こゆることは、深く、さ[※1]、(d)いらへたまへば、いとぞかしこきや」と、これ[※2]をも、いと恥づかしと(e)思したり。

（堤中納言物語）

問1　傍線部(a)〜(e)の動作主として適当なものを次の選択肢から選び、記号で答えよ。

㋑親たち　㋺姫君　㋩作者　㋥女房　㋭世間の人々　㋬読者

問2　傍線部(a)〜(e)は誰から誰への敬意か。次の(例)にならい、後の選択肢㋑〜㋬の記号で答えよ。

(例)㋩→㋺（作者から姫君への敬意）

㋑親たち　㋺姫君　㋩作者　㋥女房　㋭世間の人々　㋬読者

（注）

※1　さ…そのように。ここでは、自分の風変わりな行動を姫君がもっともらしく真剣に話す状態を表している。

※2　これ…風変わりな姫君の理屈に真面目に応対すること。

③ 全文解釈

（■重要語／■助動詞／■接続助詞／■尊敬語／■謙譲語／■丁寧語）

[1] **親たち**は、「いとあやしくさまことにおはするこそ」と思しけれど、

（姫君の）親たちは、「（Bは）大変**風変わり**で様子が**異なって**いらっしゃる〈補〉」とお思いになったが、

[2] 「思し取りたることぞあらむや。あやしきことぞ。」思ひて聞こゆることは、

（Aは）「（姫君には）何かお悟りのところがあるのだろうか。**不思議な**ことだ。（AがBを）思って申し上げることには、

[3] 深く、さ、いらへたまへば、いとぞかしこきや」と、これをも、いと恥づかし

（Bは）深く、そう、**ご返事**なさる〈補〉ので、❶〈原因〉（Aは）大変**恐れ多い**ことだよ」と、この姫君の応対の仕方についても、

[4] と思したり。

大変**恥ずかしい**とお思いになっている。

登場人物

A **親たち**…姫君の親たち。

B **姫君**…ほかの姫君と様子が違って変わり者である、とAに心配されている。

□★★★ **あやし**【賤し・怪し】形シク
①不思議だ ②みすぼらしい ③身分が低い ④風変わりだ

□★★★ **ことなり**【殊なり・異なり】形動ナリ
①格別だ・特別だ ②（ほかとは）異なっている

□★★ **いらふ**【答ふ・応ふ】動ハ下二
①返歌する ②返事する

□★★★ **かしこし**【畏し・賢し】形ク
①すぐれている ②恐れ多い

□★★★ **はづかし**【恥づかし】形シク
①恥ずかしい ②立派だ

❶…已然形＋接続助詞「ば」は、順接の確定条件（原因・理由）（〜ので）として訳すことが多い。

❹解答・解説

問1（答 (a)ロ 姫君 (b)イ 親たち (c)ロ 姫君 (d)ロ 姫君 (e)イ 親たち）

(a)…「おはする」は尊敬語「おはす」の連体形。「　」の文に尊敬語があれば、その文の主語は高貴な二人称か（その場にいない）高貴な三人称。ここでは、その場にいない姫君についての話を親たちがしている場面なので、ロが正解。

(b)…「思《おぼ》し」は尊敬語「思す」の連用形。地の文の尊敬語の主語は高貴な人。ここでは、「親たちは、」と主語が省略されずに書かれているので、当然イが正解。

(c)…「　」の文の尊敬語。(a)と同じ理由で、「思し」の主語は姫君だと判断できる。

(d)…「いらへ」の下に尊敬語の補助動詞「たまへ」が付いている。「　」の文の尊敬語なので、主語は姫君。

(e)…地の文の尊敬語の主語は高貴な人。文脈で「親たち」が主語であるとわかる。

問2（答 (a)イ→ロ (b)ハ→イ (c)イ→ロ (d)イ→ロ (e)ハ→イ）

敬語が**地の文**にある場合は「**作者から**」の敬意。敬語が**会話文**（＝「　」の文）の中にある場合は「**話し手から**」の敬意である。「姫君」は風変わりであっても高貴な人であり、その親たちも当然「高貴な人」である。よって、「親たち」の言動は（作者が敬意を払って）尊敬語で表されている。「姫君」は高貴な人であるため、親であっても（敬意を払って）敬語を使うという当時の常識に注意。

●豆知識

毛虫が好きな少女の話。垣間見されそうになった姫君が袖に毛虫を入れて逃げ出すシーンが大好きです。「ほかの人とは何だか違う」ということが今よりずっと認められにくかったであろう時代。自分の気持ちを大切にのびのびと生きる姫君のお話には勇気づけられますね。ジブリの映画「風の谷のナウシカ」のナウシカは、この姫君がモデルだと聞いたことがあります。

読解に活かす敬語④
「　」の文の謙譲語

重要度 B　解答時間 8分　学習日 ／

❶要点整理

謙譲語は、**動作の受け手を高める**ために使われます。「　」の文は基本的に、動作の主語（その文の主語）は**一人称**（＝話し手）であり、動作の受け手は聞き手（＝**二人称**）です。ただ、話し手が、その場にいない第三者を主語として話をする場合、動作の主語が**三人称**になる場合もあります。よって、**「　」の文にある謙譲語の主語は、一人称か三人称である**と考えましょう*1

例 （狐が）「紙を**たまはり**て、これ包みて**まかり**て、たうめや子どもなどに食はせん」と言ひければ、（宇治拾遺物語）

▼「（私（＝一人称）は）（食べ物を包む）紙を**いただい**て、（私は）これを包んで**退出し**て、（私の家族の）老婆や子どもなどに食べさせよう」と言ったので、※太字部分は両方とも主語が話し手である「狐」、つまり一人称となっています。

「　」の文（心中表現文・会話文・手紙文）

〈その文の主語〉 ※＜の右側にある方が頻度が高い

- **尊敬語**
  - **二人称**…（高貴な）**話し相手**（＝動作主）を高めるため
  - ＜**三人称**…その場にいない**高貴な三人称**（＝動作主）を高めるため
  - ＜**一人称**…自分（＝動作主）を高める（天皇の自敬表現）
- **謙譲語**
  - **一人称**…話し相手（＝**自分**の動作の受け手）を高めるため
  - ＜**三人称**…話し相手（＝**三人称**の動作の受け手）を高めるため
  - ＜**二人称**…自分（＝話し相手の動作の受け手）を高める（天皇の自敬表現）

◆補足説明

＊1 基本的に「一人称」の場合が多く、その次に「三人称」の場合が多い。「二人称」は例外的で、高貴な人が召使いなどに対して「（こちらへ）**参れ**」のような場面で使われる。これも天皇の「**自敬表現**」に多い。

❷ 問題演習

次の文章は『竹取物語』の一節で、金銀や真珠でできた木の枝（＝玉の木）を作らせておきながら、その禄（＝代金）をわたさない皇子（＝御子）に対して一人の男（匠）が禄を請求する文を差し出す場面である。これを読んで後の問いに答えよ。

かかる程に、をとこども六人つらねて、庭に出で来たり。一人の男、文挟※1みに文をはさみて、申す(1)。「内匠寮《たくみづかさ》の工匠《たくみ》、あやべの内麻呂《うちまろ》申さく、玉の木を作り仕うまつりし(2)事、五穀※2を断ちて、千余日に力を尽くしたること、少なからず。しかるに、禄いまだ賜《たま》はらず(3)。これを賜ひて、わろき家子に賜はせむ」と言ひて、捧げたり。竹取の翁、「この工匠らが申す(4)ことはなに事ぞ」と傾《かたぶ》きをり。御子は我にもあらぬ気色にて、肝《きも》消えゐ給へり。

（竹取物語）

問1　傍線部(1)〜(4)の主体（主語）は誰か。最も適当なものをそれぞれ一つずつ選べ。
㋑をとこども（工匠ら）　㋺一人の男　㋩竹取の翁　㋥御子　㋭作者

問2　傍線部(1)〜(4)は誰から誰への敬意か。次の㋡を参考にして、問1の選択肢からそれぞれ適切な記号を選んで答えよ。
㋡　㋭→㋥（作者から御子への敬意）

（注）
※1 文挟み（ふばさみ）…文書を挟んで貴人に差し出すときに使う木の枝。長さ1.5メートル程度で、先端に文書を挟む金具がある。
※2 五穀を断ちて…米・麦・黍《きび》・粟・豆などの穀物を絶って神仏に祈願すること。
※3 家子（けこ）…弟子や部下を指す言葉。

❸ 全文解釈

（重要語／助動詞／接続助詞／尊敬語／謙譲語／丁寧語）

かかる程に、をとこども六人つらねて、庭に出で来たり。一人の男、文挟みに文をはさみて、申す。「内匠寮の工匠、あやべの内麻呂、申さく、玉の木を作り仕うまつりし事、五穀を断ちて、千余日に力を尽くしたること、少なからず。しかるに、禄いまだ賜はらず。これを賜ひて、わろき家子に賜はせむ」と言ひて、捧げたり。竹取の翁、「この工匠らが申すことはなに事ぞ」と傾きをり。御子は我にもあらぬ気色にて、肝消えゐ給へり。

こうしているうちに、男たち六人が伴って庭にやってきた。（その中の）一人の男が、文挟みに手紙を挟んで（皇子に）申し上げる。「内匠寮の工匠である、（私）あやべの内麻呂が、**申すことには**、（Aが）玉のなった木を作って差し上げたことは、五穀を断って、千日余りの間尽力したこと（＝大変な苦労）が、少なくない。**そうであるのに**褒美はまだいただいていない。（Bが）これ（褒美）をお与えになって、貧しい部下たちにもいただかせてください」と言って捧げた。竹取の翁は、「この匠たちが申し上げることは何事か」と首をかしげている。皇子は**我を忘れた様子**で、肝をつぶしていらっしゃる。

登場人物

A **一人の男**…漢部の内麻呂。六人の「をとこども」の代表者。倉持皇子に「蓬莱の玉の枝」の制作を依頼された匠。

B **御子**…かぐや姫に求婚する倉持皇子。

C **竹取の翁**…かぐや姫の育ての親。かぐや姫を高貴な人と結婚させたがっている。

□まうさく【申さく】動サ四
①申すことには

□しかるに【然るに】接
①そうであるのに ②さて・ところで

□われにもあらず【我にもあらず】連
①我を忘れて ②うわの空である

□★★★**けしき**【気色】名
①様子・態度 ②機嫌 ③兆し

❹ 解答・解説

問1 答 (1)ロ 一人の男 (2)ロ 一人の男 (3)ロ 一人の男 (4)イ をとこども（工匠ら）

(1)…「申す」（申し上げる）は謙譲語。地の文にある謙譲語の主語は、比較的高貴でない三人称。

(2)…「〜仕うまつる」は「〜させていただく」と訳す謙譲の補助動詞。基本的に「　」の文の謙譲語の主語は一人称か三人称。「一人の男」の会話文中にあり、動作の受け手は「御子」であるので、主語は一人称（一人の男）。

(3)…「賜《たまは》る」は「いただく」と訳す謙譲語。「　」の文の謙譲語の主語は一人称か三人称。一人の男がまだ自分が禄をいただいていないという文脈なので、主語は一人称（一人の男）。

(4)…「竹取の翁」の発言で「**この工匠らが**申す」とあり、複数を表す「ら」があるので、「申す」の主語として最も適当なものは「一人の男」ではなく、男たち6人を指す「をとこども」。

問2 答 (1)ホ→ニ (2)ロ→ニ (3)ロ→ニ (4)ハ→ニ

(1)…敬語が**地の文**にある場合は「**作者から**」の敬意。「申す」（申し上げる）は謙譲語で、動作の受け手を高めるために使われる。この「申す」という動作の受け手は「御子」。

(2)・(3)…敬語が**会話文**（＝「　」の文）の中にある場合は「**話し手から**」の敬意。話し手である「一人の男」から、動作の受け手である「御子」への敬意を表すため、それぞれ謙譲語が使われている。

(4)…話し手である竹取の翁が、「(この工匠らが) 申す」という動作の受け手である「御子」を高めている状況。ふつうであれば「(この工匠らが) **言ふ**」と表すところを、御子に敬意を払うため謙譲語「**申す**」を使っている。

●豆知識

結婚の条件として、かぐや姫から「蓬莱の玉の枝」という難題を求められた皇子（＝倉持皇子）は、腕の良い匠に精巧な「偽物」を作らせます。結婚をせまられ、窮地に立たされるかぐや姫。しかし「給料未払い」の匠たちの訴えにより、皇子の姑息な策略は失敗してしまう。この問題文は、そうした思わず「ザマーミロ」とつぶやいてしまう場面です。

第9回 演習 EXERCISE

読解に活かす敬語⑤

「 」の中の丁寧語

重要度
B
解答時間
5分
学習日
／

1 要点整理

「 」の文（会話文）中に**丁寧語**があるとき、基本的に聞き手は**高貴な人**であると考えてください。反対に、丁寧語がないときには聞き手が高貴な人である確率は極めて低いです。

例 （老婆が人々に）「今宵の御遊び、いといとめでたくて、涙もとまり**はべら**ぬに、この詩こそ、及ばぬ耳にもひがごとを詠じおはしますかな、と聞き**はべれ**」と言ふ。（十訓抄）

▼「今宵の（あなた様たちの）詩歌管弦のお遊びはたいそうすばらしくて、涙も止まり**ませ**んが、この（詠じられた）漢詩は、（この私の）至らない耳にも、間違いをうたっていらっしゃるなぁと聞こえ**ます**」と言う。

「 」の文（心中表現文・会話文・手紙文）

◀〈その文の主語〉※くの右側にある方が頻度が高い

- **尊敬語**
  - 二人称…（高貴な）**話し相手**（＝動作主）を高めるため
  - ＜三人称…その場にいない**高貴な三人称**（＝動作主）を高めるため
  - ＜一人称…自分（＝動作主）を高める（天皇の自敬表現）
- **謙譲語**
  - 一人称…話し相手（＝**自分**の動作の受け手）を高めるため
  - ＜三人称…話し相手（＝**三人称**の動作の受け手）を高めるため
  - ＜二人称…自分（＝話し相手の動作の受け手）を高める（天皇の自敬表現）
- ↓ **丁寧語**
  - **ある**→聞き手は**高貴な人**
  - **ない**→聞き手は**高貴とは言えない**

◆補足説明

上の 例 では丁寧語（侍り）のある会話文の話し手は「老婆」で、聞き手である自分より高貴な「人々」に対して丁寧語を使って話しています。

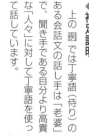

❷ 問題演習

次の文は、木曾義仲が源氏との戦いに敗れ、家来の今井四郎兼平と2騎だけ残って敗走している場面である。これを読んで後の問いに答えよ。

今井の四郎、木曽殿、主従二騎になつて(a)のたまひけるは、「日ごろは何とも覚えぬ鎧《よろひ》がけふは重うなつたるぞや」。今井の四郎(b)申しけるは、「御身もいまだ疲れさせたまはず。御馬も弱り(c)候はず。何によつてか、一両の御着背長※1を重うはおぼしめし候ふべき。それは御方《みかた》に御勢が候はねば、(1)臆病でこそさはおぼしめし候へ。兼平一人候ふとも、余《よ》の武者千騎とおぼしめせ。矢七つ八つ候へば、しばらく防ぎ矢※2(2)つかまつらん。あれに見え候ふ、粟津※3の松原と申す、あの松の中で御自害候へ」とて、打つて行くほどに、また新手の武者五十騎ばかり出で来たり。

（平家物語）

（注）
※1 御着背長（おんきせなが）…大将の着用する鎧。
※2 防ぎ矢…敵の攻勢をそらし、防ぐために矢を射ること。
※3 粟津の松原…滋賀県大津市の東南にある松原。ここに義仲と今井四郎の墓がある。

問1 二重傍線部の(a)～(c)の敬語について、〔Ⅰ〕敬語の種類を答えよ。また、〔Ⅱ〕誰から誰への敬意か、㋑→㋺（㋑から㋺への敬意）のように記号で答えよ。

〔Ⅰ〕尊敬語／謙譲語／丁寧語　〔Ⅱ〕㋑木曽殿　㋺今井の四郎　㋩筆者

問2 傍線部(1)・(2)を現代語訳せよ。

3 全文解釈

（重要語／助動詞／接続助詞／尊敬語／謙譲語／丁寧語）

今井の四郎、木曽殿、主従二騎になつてのたまひけるは、「日ごろは何と
今井の四郎と木曽殿が、主従の2騎になって、（Bが❶）おっしゃったことには、「日頃は何とも

も覚えぬ鎧がけふは重うなつたるぞや」。今井の四郎申しけるは、「御身も
思わない鎧が、今日はいやに重くなったぞよ」。今井の四郎が申し上げたことには、「（Bは❷）お体も

いまだ疲れさせたまはず。御馬も弱り候はず。何によつてか、一両の御着
まだお疲れになっていません。お馬も弱っておりません。何によって、1両の御着

背長を重うはおぼしめし候ふべき。それは御方に御勢が候はねば、臆病で
背長を重いとお思いになるはずがあるでしょうか。それは味方に軍勢がおりませんので、（Bが）臆病で

こそさはおぼしめし候へ。兼平一人候ふとも、余の武者千騎とおぼしめせ。
そのようにお思いになるのです。私兼平が一人お仕えするとも、ほかの武者千騎に相当するとお思いになられよ。

矢七つ八つ候へば、しばらく防ぎ矢つかまつらん。あれに見え候ふ、粟津
矢が七つ八つありますので、（私が）しばらくの間防ぎ矢をいたしましょう。あそこに見えますのは、粟津

の松原と申す、あの松の中で御自害候へ」とて、打つて行くほどに、また
の松原と申します、あの松の中でご自害なさいませ」と申し上げて、（Aが）（馬を鞭で）打って行くときに、また

新手の武者五十騎ばかり出で来たり。
新手の武者が50騎ほど出てきた。

登場人物

A **今井の四郎（兼平）**…Bの従者。Bに不名誉な戦死をする前に自害をするよう勧める。

B **木曽殿（義仲）**…Aの主人。従者がもうA一人しか残っておらず、これからの戦いに臆病になっている。

□★★ **おぼゆ【覚ゆ】** 動ヤ下二 ①思われる ②似ている

□★★ **さ【然】** 副 ①そのように・そう

❶…地の文の敬語は、作者から動作の主語（＝義仲）に対しての敬意を表している。

❷…会話文の敬語は、話し手から聞き手（＝義仲）への敬意を表している。また、最後の一文を除いて、登場人物が今井の四郎（A）、木曽殿（B）の2人であることから、「 」内での敬意の方向は当然AからBとなる。

❹ 解答・解説

問1 (答) **(a)〔Ⅰ〕尊敬語〔Ⅱ〕(ハ) 筆者→(イ) 木曽殿　(b)〔Ⅰ〕謙譲語〔Ⅱ〕(ハ) 筆者→(イ) 木曽殿**
(c)〔Ⅰ〕丁寧語〔Ⅱ〕(ロ) 今井の四郎→(イ) 木曽殿)

(a)…「のたまふ」は「おっしゃる」と訳す**尊敬語**。地の文の尊敬語は、**筆者**が動作の主語である高貴な人（＝**木曽殿**）を高めるために使っている。

(b)…「申す」は「申し上げる」と訳す**謙譲語**。地の文の謙譲語は、**筆者**が動作の受け手である高貴な人（＝**木曽殿**）を高めるために使っている。地の文の敬語は「筆者から」の敬意であるが、「　」の文の敬語は「話し手から」の敬意である点に注意。

(c)…「候ふ」は、用言の下に付く補助動詞の用法の場合、「～です・～ます」と訳す**丁寧語**[*1]である。「　」の文の丁寧語は、話し手（＝**今井の四郎**）が聞き手（＝**高貴な人・木曽殿**）に敬意を払う表現。

問2 (答) **(1)臆病でそのようにお思いになるのです**[*2]　**(2)いたしましょう**[*3])

(1)…「臆病／で／こそ／さ／は／おぼしめし／候へ」と単語分けされる。この「で」は格助詞「にて」が変化したもので、ここでは原因・理由（…ので）を表している。「さ」は「そのように・そう」と訳す指示副詞で、前文の内容を受けている。「おぼしめし」は「お思いになる」と訳す尊敬語。「候へ」は補助動詞なので「～です・～ます」と訳す丁寧語。

(2)…「つかまつら／ん」と単語分けされる。「つかまつら」は、「お仕え申し上げる／いたす・して差し上げる」と訳す謙譲語「つかまつる」の未然形。「ん」は助動詞「む」と同じ語で、主語が一人称の場合、意志（…しよう）の意味で取る。

＊1「侍り・候ふ」が単独で本動詞として使われる場合は、「**あります・おります**」と訳す**丁寧語**の場合と、「**お仕えする**」と訳す**謙譲語**の場合がある。

＊2「**臆病になって／臆病なので／臆病によって**」なども可。

＊3「**して差し上げましょう**」も可。

COLUMN 古文の名場面②

『源氏物語』～突然いなくなった女、夕顔～

光源氏の義兄弟である頭中将は以前、夕顔という身分の賤しい女と交際していました。頭中将には当時、右大臣家の令嬢である四の君という本妻がいましたが、忍んで通っていたようですね。その折、夕顔は右大臣家側から嫌がらせを受けていたのですが、そのことを彼に告げることもなく、じっと耐え忍んで、いつも笑顔を絶やさなかったのです。愛らしい娘も生まれました。そんな中、無抵抗の夕顔に対する嫌がらせはますますエスカレートし、耐えきれなくなった夕顔はそっと彼の前から姿を消します。そんな夕顔が彼に詠んだのが、次の歌です。

山がつの　垣ほ荒るとも　をりをりに　あはれはかけよ　撫子の露

（源氏物語・帚木）

【訳】（私のような）卑しい山人の住む家の垣根が（あなたが通わなくなって）荒れたとしても、時々は愛情を注いでやってくださいな。この撫子の花（のような愛しい子）に。

「撫子」は秋の七草の一つで、小さい女の子が両掌を広げたような花です。

CHAPTER 3

第3章

読解に活かす文法

◆文法だけで「わかる」ことがある

本シリーズ「レベル① 文法編」で扱った古典文法は、古文の一文一文を正確に読解するために必要不可欠な知識です。そして実は、その文法（助動詞・助詞など）の中に、文の意味を正確につかむだけでなく、「主語の補足」や「文脈（状況）の把握」にも活かすことができるものがあるのです。

第3章では、そういった読解に活かせる、得点力の大幅アップに直結する文法について、演習を通じてマスターしていきましょう。

読解に活かす文法①
助動詞「き・けり」

重要度	解答時間	学習日
A	5分	／

❶ 要点整理

過去の助動詞「き」と「けり」の意味には、次のような違いがあります。

①「き」＝〔直接〕過去（…た）*1

※自分で直接体験した過去を言うときに使う

②「けり」＝〔間接・伝聞〕過去（…た・…たそうだ）

※他人が体験した過去を聞いて伝えるときに使う

この文法知識は「**日記**」の読解に役立ちます。日記の地の文で、助動詞「**き**」が使われていれば、その文の主語は**筆者自身（私）**。一方、助動詞「**けり**」が使われていれば、その文の主語は**筆者（私）ではない（他人の体験である）**と判断できる*2わけです。

なお、過去の助動詞「けり」が、地の文ではなく**和歌**や「　」**の文**で使われる場合、ほとんどが**詠嘆**（…だなあ・…なことよ）の意味です。

例 見渡せば 花も紅葉も なか**りけり** 浦の苫屋の 秋の夕暮れ（新古今和歌集）

▼見渡してみると、春の桜も秋の紅葉も何もない**ことよ**。海辺の小屋の秋の夕暮れは。

例「今宵は十五夜なり**けり**」と思し出でて、（源氏物語）

▼「今宵は十五夜なの**だなあ**」とお思い出しになって、

◆補足説明

*1 助動詞「き」は、不規則に〔(せ)―○―き―し―しか―○〕と活用します。活用形が問われることも多いので注意しましょう。

*2 ただし、そういう例が多い（傾向が強い）ものの、「絶対」ではないので、最終的には文脈で判断しましょう。

❷ 問題演習

次の文章を読んで後の問いに答えよ。

（村上天皇が）同じ人[※1]を御供にて、殿上に人(1)候はざりけるほど、たたずませ(2)おはしますに、(a)炭櫃の煙の立ちければ、「かれは何の煙ぞと見て(b)来」と(3)仰せられければ、見て帰り(4)まゐりて、

わたつみの 沖にこがるる 物見れば あまの釣して (c)かへるなりけり

と(d)奏しけるこそをかしけれ。蛙の飛び入りてこがるるなりけり。

（枕草子）

（注）
※1 同じ人…村上天皇のそばに仕える女房。

問1 二重傍線部(a)・(b)の読みを答えよ。

問2 傍線部(1)〜(4)の主語として適当なものを次の選択肢からそれぞれ一つずつ選べ。

㋑村上天皇　㋺同じ人（女房）　㋩（殿上にいる）人　㋥あま（海士）　㋭筆者

問3 二重傍線部(c)は、何と何の掛詞かを指摘せよ。

問4 波線部(d)を、主語と目的語を補って現代語訳せよ。

❸ 全文解釈

（■重要語／■助動詞／■接続助詞／■尊敬語／■謙譲語／■丁寧語）

同じ人を御供にて、殿上に人候はざりけるほど、たたずませ

（村上天皇が）同じ女房をお供として、殿上の間に誰もお仕えしていなかった頃に、（Aが）立ち止まって

おはしますに、炭櫃の煙の立ちければ、「かれは何の煙ぞと見て来」と

おいでになると、いろりの煙が立ち上ったので、（Aが）「あれは何の煙か、見て来い」と

仰せられければ、見て帰りまゐりて、

命じなさったので、（Bが）見て帰っておそばに参上して、

わたつみの沖にこがるる物見ればあまの釣してかへるなりけり

海の沖（＝炭火）で漕いでいる（＝焦げている）物を見ると、海士が釣りをして帰るのでしたよ（雨蛙でしたよ）。

と奏しけるこそをかしけれ。蛙の飛び入りてこがるるなりけり。

と申し上げたことは趣がある。蛙が（炭櫃に）に飛び込んで焦げたのだった。

▲炭櫃

登場人物

A 村上天皇…平安中期の第62代天皇。

B 同じ人…村上天皇に仕えていた女房。

C 人…殿上の間に仕える人々。

□ほど【程】名 ①身分 ②辺り ③様子・程度 ④頃・折

□おほす【仰す】動サ下二 ①おっしゃる ②命じる

□みる【見る】動マ上一 ①会う ②結婚する ③見る

□をかし【招かし】形シク ①趣がある ②かわいい ③妙だ

❶…過去の助動詞「けり」が地の文で使用されている場合は、自己の体験ではなく聞き書きで、「き」が使用されている場合は自己体験を話している。「けり」が和歌や「 」の中で使用されている場合は詠嘆（気づき）の意味。

❷…カ変動詞の「来」は「こ・き・く・くる・これ・こ／こよ」と

❹解答・解説

問1 (答ⓐすびつ ⓑこ)

ⓐ…「炭櫃」は「**すびつ**」と読む。床を切って作ったいろりのこと。

ⓑ…「来」はカ行変格活用のただ一つの動詞で命令形は「こ／こよ」のどちらかになる。炭櫃から急に煙がたったので、村上天皇は女房に「何の煙か見て来い」と命令したのである。

問2 (答(1)ハ(殿上にいる)人 (2)イ 村上天皇 (3)イ 村上天皇 (4)ロ 同じ人(女房))

(1)…この「候は」は、動詞の下に付いていないため本動詞。よって、「お仕えする」と訳す謙譲語「候ふ」の未然形。主語は**(殿上にいる)人**。

(2)…「おはします」(訳：いらっしゃる)は、**天皇**や中宮に使われる最高敬語。

(3)…「仰せ／られ」と**二重尊敬**の形になっているので、主語は**村上天皇**であることが明白。

(4)…「まゐる」は、「参上する・差し上げる」と訳す謙譲語。地の文の謙譲語の主語は、(比較的)**高貴でない三人称**が多い。文脈上、**同じ人(女房)**だと判断できる。

問3 (答「蛙」と「帰る」)…**炭火**(＝熾《おき》)で**焦げているもの**を見たら**蛙**(雨蛙)だったという事実を見て、海の**沖**で**漕いでいる**物が何かを見たら、**海士《あま》**が釣りをして**帰る**ところだったという意味の和歌にして報告。複数の掛詞を駆使した、まさに「当意即妙」な歌である。

問4 (答(1)**女房(同じ人)が村上天皇に申し上げたことは趣がある**)…「奏す」は天皇に対して「申し上げる」と訳す謙譲語。「ける」は過去の助動詞「けり」の**連体形**で、直後に「こと」などの体言が省略されているので補って訳す。「をかし**けれ**」の「**けれ**」は**形容詞の已然形活用語尾**であり、過去の助動詞「けり」の已然形ではないので、「…た」と訳さないように注意。

活用する。

❸…掛詞は、一つの言葉に二つの意味をもたせる和歌の修辞法の一つ。

❹…敬語の「奏す」は「天皇に申し上げる」と訳す絶対敬語。

●豆知識

ここに登場する「同じ人」とは村上帝の時代(946～967年)に活躍した女房の一人である兵衛の蔵人という人物。あの教養のある清少納言が、非常にリスペクトしていた人物です。

第II演習 EXERCISE

読解に活かす文法②

謙譲の補助動詞「給ふ」

重要度	解答時間	学習日
B	7分	／

1 要点整理

「たまふ【給ふ】」は、**本動詞**の場合は「お与えになる・くださる」と訳す尊敬語です。ただ、「聞き＋給ふ」のように、ほかの動詞の下に付く**補助動詞**の場合は注意が必要です。「～たまふ【給ふ】」が**補助動詞**の場合、**四段活用**なら**尊敬語**ですが、**下二段活用**なら**謙譲語**になります。

基本形	語幹	未然	連用	終止	連体	已然	命令	活用の種類	敬語の種類	訳し方（補助動詞）
給ふ	給	は	ひ	ふ	ふ	へ	へ	四段	尊敬語	～なさる・お～になる
給ふ	給	へ	へ	ふ	ふる	ふれ	へよ	下二段	謙譲語	～せていただく（～です／ます）

※下二段活用の終止形「ふ」と命令形「へよ」は用例がほとんどないので、一応存在しないと考えておく。

謙譲語の「給ふ」については、次の三原則を覚えておきましょう。

① 必ず、**「　」の文**（会話文・心中表現文）で使われる。

② 話し手の動作を表す動詞（思ひ／見／聞きなど[1]）の下に付く。
→「**思ひ**／**見**／**聞き**」＋「[2]**たまへ**／**たまふる**／**たまふれ**」の形になる。

③ **主語は一人称**（**話し手**）である。

謙譲の補助動詞「たまふ」の主語は一人称。覚えておきましょう。

◆**補足説明**

＊1 話し手（一人称）が、自分が知覚した動作をへりくだって相手に言う場合に使う。ほかにも「覚え／知り」などに付く。「**～せていただく**」や「**～申し上げる**」と訳すのが基本だが、「**～です／ます**」と**丁寧語のように訳した方が自然**である場合も多い。

＊2「たまへ」は四段活用（→尊敬語）の已然形・命令形である可能性もある。ただし、「たまふる／たまふれ」は下二段活用（→謙譲語）にしかない。

●**「ばや」の主語も一人称**

終助詞「ばや」は、**自己の願望**（…したい）を表すので、当然ながら文の主語は**一人称**になります。ちなみに、「意志」の意味のときの助動詞「む」「むず」「べし」も主語は一人称。読解に役立ちますので、覚えておきましょう。

❷ 問題演習

次の文章は鴨長明著『無名抄』の一節で、長明の師である俊恵が、歌の権威である五条三位入道（藤原俊成）と取ったやりとりについて筆者に語る場面である。これを読んで後の問いに答えよ。

俊恵《しゅんゑ》いはく、「五条三位入道のもとに詣でたりしついでに、『御詠《ぎょえい》の中には、いづれをかすぐれたりと思す(1)。人はよそにてやうやうに定め侍りしかど、それをば用ゐ侍るべからず。正《まさ》しく承らん(2)と思ふ』と聞こえしか(3)ば、

『夕されば　野辺の秋風　身にしみて　鶉《うずら》鳴くなり　深草※1の里

これをなん、身にとりてのおもて歌※2と思ひ給ふる(4)』と言はれし(5)を、俊恵又いはく、『世にあまねく申し侍るは、

面影に　花の姿を　先だてて　いくへ越え来ぬ　峰の白雲

これをすぐれたるやうに申し侍るはいかに』と聞こゆ(6)。〈中略〉」

（無名抄）

※1　深草の里…京都市伏見区北部にある地名。鶉や月の名所。

※2　おもて歌…自分の詠んだ歌の中で一番の歌。

問1　(1)～(6)の主体（主語）を、次の選択肢からそれぞれ一つずつ選べ。

①五条三位入道　②俊恵　③筆者

問2　二重傍線部「なり」の品詞説明として正しいものを次の選択肢から一つ選べ。

㋑動詞　㋺形容動詞　㋩断定の助動詞　㊁伝聞・推定の助動詞

3 全文解釈

（■重要語／■助動詞／■接続助詞／■尊敬語／■謙譲語／■丁寧語）

俊恵（A）いはく、「五条三位入道（B）のもとに詣でたりしついでに、『御詠の中には、いづれをかすぐれたりと思す。人はよそにてやうやうに定め侍りしかど、それをば用ゐ侍るべからず。正しく承らん』と聞こえしかば、

（私）俊恵が言うことには、「五条三位入道のもとに（Aが）参上した機会❶に、『（Bが）お詠みになった歌の中では、どの歌が最もすぐれているとお思いか。ほかの人は様々に評定しておりましたが、それを取り入れるべきではありません。（AはBから）正しく承りたいと思う』と（Bに）申し上げたところ、

『夕されば野辺の秋風身にしみて鶉鳴くなり深草の里

（Bは）『夕方になると、野に吹く秋風がこの身にしみて、鶉が鳴いているようだ❷。この深草の里は。

これをなん、身にとりてのおもて歌と思ひ給ふる』と言はれしを、俊恵（A）又いはく、❸『世にあまねく申し侍るは、

自分の身にとっての一番の歌と思います』とおっしゃったが、俊恵がまたこれを、言うことには、『世間（の人々）に**残る所なく行き**（**知れ**）**わたって**おりますのは、

面影に花の姿を先だてていくへ越え来ぬ峰の白雲

桜の花が咲いている様子を情景として先に置いて、幾重峰に懸かっている白雲を越えて来たことだろうか。

これをすぐれたるやうに申し侍るはいかに』と聞こゆ。〈中略〉」

これをすぐれているように申しておりますことは、どのようにお考えでしょうか』と申し上げる。

登場人物

A **俊恵**…俊恵法師。鴨長明の歌の師。

B **五条三位入道**…平安末期の和歌の指導者。藤原俊成。

□★★★ **ついで【序】** 名
①順序 ②機会

□★ **まさし【正し】** 形シク
①正しい

□★★★ **よ【世・代】** 名
①世間 ②男女の仲 ③治世

□ **あまねし【普し・遍し】** 形ク
①残る所なく行きわたっている

❶…過去の助動詞「き」が使用されているため、話し手である俊恵が自分で直接体験したことであるとわかる。

❷…伝聞・推定の助動詞「なり」は、終止形もしくはラ変の連体形に接続する。「泣く・鳴く・伝ふ・言ふ」などの聴覚的な用言に接続する場合が多い。

❸…「世」は多義語であるが、ここでは前後の文脈から、五条三位入道（B）の主観的な評価

◆4 解答・解説

問1（答）(1)① (2)② (3)② (4)① (5)① (6)②）…文章の大半が会話文なので、敬語の種類で主語を絞り込んでいくこと。ちなみに、「　」の中の「　」は『　』[*1]で表されるので注意。

(1)…「思《おぼ》す」は「お思いになる」と訳す尊敬語。会話文の尊敬語の主語は、**二人称**（聞き手）が最多（次に三人称が多い）。この場合は聞き手である五条三位入道。

(2)…「承《うけたまは》る」は「お聞きする・伺う・いただく」と訳す謙譲語。会話文の謙譲語の主語は**一人称（話し手）**が最多（次に高貴な三人称が多い）。ここでは話し手である俊恵。

(3)…「聞こえ」は、謙譲語「聞こゆ」（訳：申し上げる）の連用形。会話文の謙譲語の主語は**一人称（話し手）**。俊恵（話し手）が動作の受け手である入道を高めるための謙譲表現。

(4)…「思ひ給ふる」の「給ふる」は、ハ行下二段活用動詞「給ふ」の連体形で、謙譲の補助動詞。会話文の謙譲語の主語は**一人称（話し手＝入道）**。この「思ひ給ふる」は、「思わ**せていただく**／思い**申し上げる**」と訳してもよいが、「思い**ます**」と丁寧語のように訳す方が自然。

(5)…「言はれし」の「れ」は、「お〜になる・〜なさる」と訳す**尊敬**の助動詞「る」の連用形。傍線部直前の入道の話を受けて、俊恵が「入道がおっしゃった」と尊敬語で表している。

(6)…謙譲語「聞こゆ」（訳：申し上げる）の終止形。会話文の謙譲語の主語は**一人称（話し手）**が多い。話し手と聞き手がどちらなのか、しっかり把握しながら読むこと。

問2（答）㈡ **伝聞・推定の助動詞**）…「鶉《うずら》／鳴く／なり」の「鳴く」はカ行四段活用動詞の**終止形**である。動詞の**終止形**（またはラ変型に活用する語の連体形）に接続する「なり」は、**伝聞・推定の助動詞「なり」**である。

の話と**世間**での評価を対比していると考えられる。

◆補足説明

＊1 ここでは、俊恵が自分の話の中で、自分が入道に言ったセリフ、また入道のセリフを言うときに『　』で表している。

●助動詞「なり」の識別法

伝聞・推定の助動詞「なり」は、「言ふ・聞く・伝ふ・鳴く」など「耳」に関する動詞の**終止形**に接続することが多い。

連体形または**体言**に接続する「なり」は**断定**の助動詞。

第12回 演習 EXERCISE

読解に活かす文法③

助動詞「めり・なり」「らむ」

重要度	解答時間	学習日
C	6分	／

1 要点整理

似たような意味をもつ推定の助動詞「めり・なり」と推量の助動詞「らむ」ですが、イメージをつかむことで古文の「ビジュアル」な読解に役立ちます。「めり」は「目」で見ての推定、「なり」は「耳」で聞いての推定です。また、「らむ」は「(現在)目で見えない」ところへの推量。視覚なのか聴覚なのか、見えるのか見えないのか、比較しながらイメージをつかんでいきましょう。

【助動詞「なり」「めり」「らむ」のイメージの違い】

助動詞	主な意味	解説
めり	①推定（…ようだ） ②婉曲（…と思われる）	「目」で見た情報にもとづく根拠のある推定。 ※語源は「見《み》え＋あり」→「めり」
なり	①推定（…ようだ） ②伝聞（…という・…だそうだ）	「耳」で聞いた情報にもとづく根拠のある推定。 ※語源は「音《ね》＋あり」→「なり」
らむ	①〔視界外の〕現在推量 （今頃は…ているだろう）	**自分の眼前にない**現在の事態を推量する。

※「めり・なり」「らむ」はいずれも、動詞の終止形（またはラ変型に活用する語の連体形）に接続する。

◆補足説明

例えば、夜が明けてきたことを推定する場合を考えましょう。外が白白と明るくなってきたのを「目」で見て判断した場合、「夜が明く**めり**」と言います。一方、朝を告げる鶏の声を聞いて「耳」で判断した場合、「夜が明く**なり**」と言います。

男女が別々の場所にいる場合などのように、離れた場所にいる人を思いやっている(視界外)のが「**らむ**」であると考えてください。

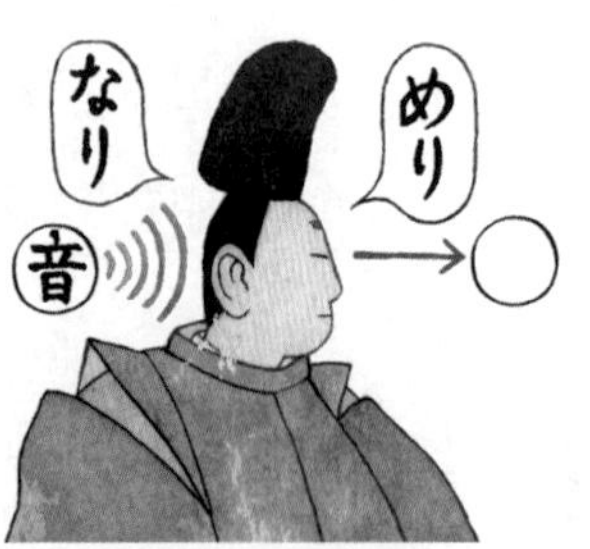

❷ 問題演習

次の文章は『枕草子』の一節で、筆者の清少納言の仕える中宮定子が物忌みをしているときの場面である。これを読んで後の問いに答えよ。

しばしありて、※1さき高う追ふ声すれば、「※2殿まゐらせ給ふ［1］」とて、散りたる物ども取りやりなどするに、〈中略〉奥に引き入りて、さすがにゆかしきな［2］、(a)御《み》几帳のほころびより(b)はつかに見入れたり。大納言殿の参り給へるなりけり。御直衣《なほし》、指貫《さしぬき》の紫の色、雪に映えていみじうをかし。柱もとにゐ給ひて、「昨日今日、※3物忌に侍りつれど、雪のいたく降り侍りつれば、おぼつかなさになむ」と申し給ふ。（枕草子）

（注）
※1 さき高う追ふ声…先払いの高い声。
※2 殿…中宮定子の父、藤原道隆。
※3 物忌（ものいみ）…陰陽道で日や方角が悪いとされるときに、一定期間、家にこもって心身を慎むこと。

問1 空欄1・2の中に最も適当な助動詞を、次の中から一つずつ選べ。
まじ　なり　めり　らむ　らし

問2 二重傍線部(a)の読みを平仮名現代仮名遣いで答えよ。

問3 傍線部(b)の現代語訳として最も適当なものを、次の選択肢から一つ選べ。
① 初めて見入ってしまった　② ほのかに見染められた
③ ほんの少しのぞいていた　④ わずかに見られてしまった

❸ 全文解釈

（■重要語／■助動詞／■接続助詞／■尊敬語／■謙譲語／■丁寧語）

しばしありて、さき高う追ふ声すれば、「A殿まゐらせ給ふ**なり**」とて、
しばらく経って、先払いの高い声がするので、（女房が）「関白（藤原道隆）が参上なさるようだ」と言って、

散りたる物ども取りやりなどするに、〈中略〉奥に引き入りて、（さすがにゆか
散らかっているものをかたづけなどするので、（私は）部屋の奥に引っ込んで、とはいってもやはり（関

しきな**めり**、❶）御几帳のほころびよりはつかに見入れたり。
白様のご様子を）見たいのだろう、御几帳のすき間からほんの少し（中の様子を）のぞいていた。

B大納言殿の参り給へるなりけり。御直衣、指貫の紫の色、雪に映えて
（関白殿ではなく）大納言様が参上なさったのであった。御直衣、指貫の紫の色が、雪に映えて

いみじうをかし。柱もとにゐ給ひて、「昨日今日、物忌に侍りつれど、
非常に趣がある。（Bは）柱のあたりにお座りになって、「昨日今日と物忌みでございましたけれども、

雪のいたく降り侍りつれば、おぼつかなさになむ」と申し給ふ。
雪がひどく降っておりますので、（Dが❷）どうしておいでか気がかりで」などと申し上げなさる。

【登場人物】

A **殿**…藤原道隆。周囲の女房たちはBの訪問をAが来たと勘違いした。

B **大納言**…藤原伊周。妹の定子の所にやってきた。

C **筆者（私）**…清少納言。多くの女房と共に中宮定子のそばにお仕えしている。

D **中宮定子**…物忌みであり、本文中に直接は登場しない。

□★★★ **ゆかし**【床し】形シク
①見［聞き／知り］たい ②心がひかれる

□★ **はつかなり**【僅かなり】形動ナリ
①ほのかだ ②ほんの少しだ

□★ **みいる**【見入る】動ラ下二
①外から中を見る・のぞく

□★★★ **いたく**【甚く】副
①ひどく・はなはだしく ②たいして・それほど〈↓打消〉

□★★ **おぼつかなし**【覚束なし】形ク
①気がかりだ ②はっきりしない

※「さ」は名詞を作る接尾語

❹ 解答・解説

問1（答 **1なり 2めり**）…選択肢にある助動詞は、どれも終止形（ラ変型に活用する語は連体形）に接続する。ただ、直前の「給ふ」は四段活用で、終止形と連体形が同じ形であるため、接続では判断できない。よって、文脈と意味で判断する。

1 は、「さき高う追ふ声すれば」という「**耳**」で聞いた情報を受けての推定であるため、推定の助動詞「**なり**」が適当。2 は、空所前の「ゆかしき」が「見たい」の意味で取れることや、空所後の「はつかに見入れたり」から、「**目**」で見た視覚的な情報を受けての推定である「**めり**」が適当であると判断できる。

問2（答 **きちょう**）…「几帳」は「きちょう」と読む。自分の姿を隠す移動式のカーテンのようなもの。**「屏風《びょうぶ》・御簾《みす》・格子《こうし》」**などとまとめて記憶しておくこと。

問3（答 ③ **ほんの少しのぞいていた**）…傍線部は「はつかに／見入れ／たり」と単語分けされる。「はつかに」は、ナリ活用の形容動詞「はつかなり」（訳：ほのかだ・ほんの少しだ）の連用形。「見入れ」は、ラ行下二段活用動詞「見入る」（訳：外から中を見る・のぞく）の連用形。連用形接続の助動詞「たり」には完了・存続の意があるが、上にある動詞が一時的な動作であれば「完了」、継続的な状態であれば存続の意味となる。ここでは、「御几帳のすき間から中の様子をのぞいている」という「状態」を表しているので、存続の意味で訳すのが適当。

---

❶…「なめり」の「な」は、断定の助動詞「なり」の連体形「なる」が撥音便化して「なん」となり、「**ん**」が消去したもの。

❷…ここではBが物忌みをしている人物、つまりDの中宮定子を案じていることがわかる。

●アドバイス

筆者が関白の様子を見たいと思った様子が、挿入句である「さすがにゆかしきなめり」で表現されています。清少納言自身の気持ちが込められた文です。

COLUMN 古文の名場面③

『枕草子』～最後の言葉～

Ⅰ　くづれよる　いもせの山の　中なれば　さらに吉野の　川とだに見じ

Ⅱ　さて、かうぶり得て、遠江の介といひしかば、にくくてこそやみにしか。

（『枕草子』第八〇段「里にまかでたるに」）

Ⅰは「（私とあなたは）崩れながら近づく妹山、背山のようなものなので、間を流れる吉野川も決して仲が良い川などとは見るつもりもないのです」のように訳します。清少納言は橘則光という男性と結婚し、則長という子供を産んでいます。夫婦になったのだから、似通った性格であろうというのは大間違い。則光は歌など大嫌い。「今度歌などオレに詠んだら、もう終わりだからな」なんて息巻いていたのです。この歌は清少納言が最後の別れ際に夫の則光に詠んだ歌です。彼からの返事はありませんでした。

Ⅱは夫の則光が役職を得て遠江（今の静岡県西部）に国司として赴任してしまい、2人の関係がぎこちないまま終わってしまったことを伝えています。

則光は『今昔物語集』に強盗を切り殺したという話が伝えられ、武勇のほまれ高い人物とされています。教養の深さに重きを置く彼女がこのような人物を夫としているのは、武道系男子に魅かれるインテリ女子という感じで、実に面白いなと思います。

第4章

読解に活かす古文常識

◆古文世界への扉を開く鍵

古代（特に平安時代）は、一人の男性が複数の女性と結婚できる「一夫多妻制」で、男性が女性の邸宅に通う「通い婚」が主流でした。また、男女交際の流れ、住居の構造、文化・風習・信仰なども、現代と大きく異なる部分が多々あります。

そういった、当時の「古文常識」を知っていないと理解しにくい文章というのが古文には多く出てきます。逆に、古文常識を知っていることで、問題文の状況が「目に見える」かのように把握できることもありますし、文面には書かれていない、いわゆる「行間《ぎょうかん》」すらも読めるようになってきます。

第4章では、古文の世界への扉を開く鍵、「古文常識」の基礎を学ぶことで、読解力を向上させていきましょう。

第13回 常識 COMMON SENSE

読解に活かす古文常識①

貴族の男女交際

重要度 B

解答時間 15分

学習日 ／

❶要点整理

平安時代の貴族の結婚は、「**一夫多妻制**《いっぷたさいせい》」で「**通い婚**《かよいこん》」が主流です。出会いから交際・結婚までの流れが現代とはまるで異なりますので、左の図で基本的な結婚の流れをおさえておきましょう。

また、**和歌**は究極の意思伝達手段であり、**手紙**形式で取り行なわれます。ただ、その場に筆や墨のもち合わせがない場合は、会話（＝口うつし）で行なわれる場合もあります。

【結婚の流れ】

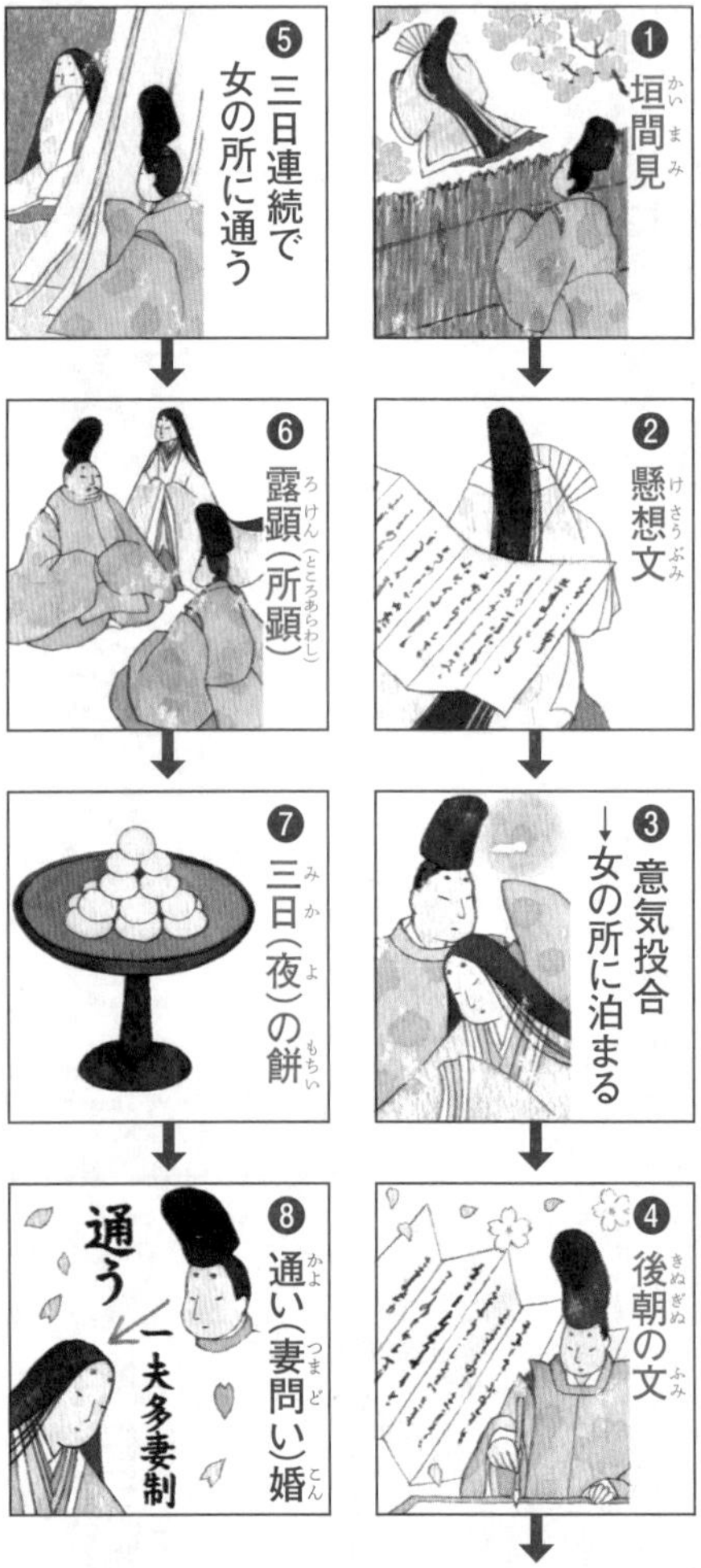

◆補足説明

❶…平安期の貴族社会では、女性が他人に顔を見せることはほとんどありませんでした。そのため、男性は「**垣間見**」という垣のすき間から女性をのぞき見する行為を行なうことで、意中の女性や噂の高い女性の姿を確かめていました。（現代だったら警察に通報されそうですね）

❷…現代でいう恋文やラブレターのこと。交際する前には、まず男性が女性に手紙を送ることが作法とされました。

❸…和歌のやりとりで意気投合したら、男性が女性の所に泊まります。このとき、男性は「夜明け前」には帰ることが常識でした。（デートなどはせず、いきなり女性の家に泊まるんですね）

❹…明け方、男性が女性のもとから帰る途中や自宅に戻ってすぐに送る手紙のこと。一種

【男女交際ワードチェック】

古文には、現代では使われない言葉や、現在とは意味が異なっている語が多々あります。男女交際に関する用語について、ここで確認しておきましょう。

① 当時の結婚形態は、一人の男性が複数の女性と結婚できる「**一夫多妻制**《いっぷたさいせい》」で、男性が女性の邸宅に通う（女性は夫が来るのを待つのみの）「**通**《かよ》**い婚**《こん》（**妻問**《つまど》**い婚**《こん》）」が主流であった。

※ただし、親同士が取り決めた**見合い結婚**などの例外も多々あった。

② 男性による求愛行動を総じて「**呼**《よ》**ばひ**」という。

③ 子供の養育は妻の義務。実際の育ての親は「**乳母**《めのと》」であった。

④ 和歌のことを「**大和歌**《やまとうた》・**言**《こと》**の葉**《は》・**敷島**《しきしま》**の道**《みち》」という。

⑤ 手紙のことを「**文**《ふみ》・**消息**《せうそこ》・**懸想文**《けさうぶみ》」といい、その返事や返歌のことを「**答**《いら》**へ・返**《かへ》**し**」という。

⑥ その場に応じて機転のきいた和歌を即座に詠んで返すことを「**当**《とう》**意**《い》**即妙**《そくみょう》」という。

⑦ 相手と自分を結ぶ仲介者（取次ぎ）を「**頼**《たよ》**り・ゆかり・よすが・由**《よし》」などという。

⑧ 意中の相手への取次ぎを頼むことを「**案**《あ》**内**《ない》**す**」という。

の交際のエチケットです。

❺…結婚したいと思った男性は、女性のもとに3日連続で通います。男性は1日目（初夜）と2日目は夜明け前に帰りますが、3日目だけは夜が明けても帰りません。

❻…現代の結婚式・披露宴のようなもの。結婚することを他人にお披露目します。多くの場合、男性が女性の所に通い始めてから3日目に行なわれました。

❼…男性が女性の所に通い始めて3日目の夜に妻の家で新郎・新婦が祝い餅を食べる儀式です。ここで結婚が成立します。

❽…平安時代は一夫多妻制で、男性が何人もいる妻のもとに都度通う（女性は待つだけ）という結婚形態でした。（男性の立場、女性の立場でそれぞれ考えると、古文の理解がさらに深まりますよ）

❷ 問題演習

次の文章は『落窪物語』の一節で、少将が、意中の女君に初めて会うため、乳母の子である帯刀を頼って雨の中突然やってくる場面である。帯刀は女君に仕えている阿漕（あこぎ）のもとにいる。これを読んで後の問いに答えよ。

（静岡大学）

帯刀《たちはき》心得て、おはしにけると思ひて、心あわたたしくて、「ただ今対《たい》面《めん》す」とて出でて［1］ば、阿漕《あこぎ》御前※1に参りぬ。

少将、「いかに。かかる雨に来たるを。(a)いたづらにて帰すな」と宣《のたま》へば、帯刀、(b)「まづ御消息《おんせうそこ》を賜《たま》はせて。音なくてもおはしましにけるかな。人の※2御心も知らず、いと難《かた》き事にぞ侍る」と申せば、少将、「いといたく［2］すぐだちそ※3」とて、しとと※4打ちたまへば、「さはれ、降りさせたまへ」とて、もろともに入りたまふ。御車《みくるま》は、「まだ暗きに［3］」とて、かへしつ。わが曹司※5の遣戸口《やりとぐち》にしばしゐて、あるべきことを聞こゆ。「人すくななる折なれば、心やすし」とて、(c)「まづかいまみをせさせよ」と宣へば、「しばし。(d)心おとりもぞせさせたまふ。物忌※6の姫君のやうならば」と聞こゆれば、「笠もとりあへで、袖をかづきて帰るばかり」と笑ひたまふ。

（落窪物語）

（注）
※1 御前…姫君の御前。
※2 人の御心…姫君の気持ち。
※3 すぐだつ…「すぐ」（実直な様）と「たつ」（まっすぐになる）が結合して、濁音化したもの。「むきになる」の意。
※4 しとと打ちたまへば…「しとと」は「しとしと」の転。親しみを込めて軽くたたくこと。
※5 曹司（ぞうし）…建物の中をいくつかに仕切った部屋。ここでは、帯刀の恋人である阿漕の部屋であるため、「わが曹司」と言っている。
※6 物忌の姫君（ものいみのひめぎみ）…男主人公が物忌みで部屋にこもっている姫君を垣間見したら、醜い姿であったという散逸物語のこと。

問1　傍線部(a)・(c)を現代語訳せよ。

問2　空欄 1 には「去ぬ」を、 3 には「来」を適当な形に直して平仮名で答えよ。

問3　空欄 2 に一字の平仮名を補いなさい。

問4　傍線部(b)において帯刀は少将にどのようなことを言っているのか。その内容として最も適当なものを、次の選択肢から一つ選べ。

㋑物音がせず女性が不在かもしれないので、まず女性の所在を確認すべきだと言っている。

㋺まずは帯刀から手紙を出して、女性からの返事を待つ必要があると伝えている。

㋩帯刀が最初に訪問したときには、女性は静かに待っていたことを教えている。

㋥最初に手紙を出してから女性の所に来るのが作法であることをさとしている。

問5　波線部(d)の解釈として、最も適当なものを以下の㋑〜㋥の中から一つ選べ。

㋑期待に沿うような人であれば嬉しいのになあ

㋺こちらが気後れするような人であるはずだろう

㋩意外に見劣りがしていなさるといけませんから

㋥あまりに美しいのでびっくりすることでしょう

3 全文解釈

（■重要語／■助動詞／■接続助詞／■尊敬語／■謙譲語／■丁寧語）

[1] 帯刀C心得て、「おはしにける」と思ひて、心あわたたしくて、ただ今対面
帯刀は心得ていて、（Aが❶）「いらっしゃったのだなあ」❷と思って、気ぜわしく感じて、「今すぐにお会いし

[2] す」とて出でて［去ぬれ］ば、阿漕D御前に参りぬ。
ます」と言って外に出て立ち去ったので、阿漕は（Bの）前に参った。

[3] 少将A、「いかに。かかる雨に来たるを。いたづらにて帰すな」と宣へば、
少将は、（Cに）「どうだ。こんな雨の折に来たのを。無駄に帰すな」とおっしゃると、

[4] 帯刀C、「まづ❸御消息を賜はせて。音なくてもおはしましにけるかな。人Bの
帯刀は、「まず（Bに）お手紙をお与えになって（ください）。何の便りもないままいらっしゃったことよ。姫君の

[5] 御心も知らず、いと難き事にぞ侍る」と申せば、少将A、「いといたく［な］
お気持ちも知らず（会うのは）、非常に難しいことでございます」と申し上げると、少将は、「全くそれほどむきになる

[6] すぐだちそ」とて、しとと打ちたまへば、「さはれ、降りさせたまへ」とて、
なよ」とおっしゃって、（Cを）ポンとたたくと、（Cは）「ええい、どうにでもなれ❹、ご降車ください」と言って、

[7] もろともに入りたまふ。御車は、「まだ暗きに［こ］」とて、❺かへしつ。
一緒にお入りになる。お車は、（Cが）「まだ暗いうちに迎えに来い」と言って、帰らせた。

[8] わが曹司Dの遣戸口にしばしゐて、あるべきことを聞こゆ。「人すくななる
（Cは）阿漕の部屋の入口にしばらくとどまって、（Aに）これからの手はずを申し上げる。（Aが）「人が少ない

登場人物

A 少将…Bに興味を抱いている。CとDを介してBを垣間見しようとする。

B 姫君…本文には直接登場していない。Aの想い人。

C 帯刀…Aの付き人。恋人であるDを介して、AとBを近づけようとしている。

D 阿漕…Bの付き人。Cを介してAとBとの間を取り持とうとしている。

- □★★★ いたづらなり【徒らなり】形動ナリ
  ①役に立たない・無駄だ　②退屈だ・暇だ
- □★★ せうそこ【消息】名
  ①手紙　②訪問
- □★★★ いと 副
  ①大変・非常に・全く　②たいして・それほど〈←打消〉
- □★★★ いたく【甚く】副
  ①ひどく・はなはだしく　②たいして・それほど〈←打消〉
- □★★ さはれ【然はれ】感
  ①ええい、どうにでもなれ
- □ こころおとり【心劣り】名
  ①意外に見劣りすること・幻滅

折なれば、心やすし」とて、「まづかいまみをせさせよ」と宣へば、「しば

ときなので、〈原因〉 安心だ」と言って、「はじめに垣間見をさせよ」とおっしゃるので、（Cが）「少々お

し。心おとりもぞせさせたまふ。物忌の姫君のやうならば」と聞こゆれば、

待ちください。意外に見劣りがしていなさるといけませんから。もし『物忌みの姫君』のようでしたら〈仮定〉」と申し上げると、

「笠もとりあへで、袖をかづきて帰るばかり」と笑ひたまふ。

（Aは）「（そのときは物語同様に）笠をつけるまでもなく、袖を振って一目散に帰るばかりだ」とお笑いになる。

❶…「おはす」は「いらっしゃる」と訳す尊敬語。「 」の文中の尊敬語は、二人称または**その場にいない高貴な三人称**。問題のリード文や、少将（＝高貴な身分）と帯刀の関係を考えれば、「**Aが**いらっしゃったのだなあ」と主語を補うことができる。

❷…心中表現文や会話文、和歌では、助動詞「けり」は「**詠嘆〔気づき〕**」（訳：…だなあ…なことよ）の意味で使われる。ここでは「気づき」が適当。

❸…この「御消息」は「（帯刀への）ご連絡」と取る文献もあるが、それだと後の「音（便り）」と重複するので、「（姫君への）お手紙」と取る。

❹…Aに対して、動詞「降り」に使役・尊敬の助動詞「さす」の連用形＋尊敬の補助動詞「給ふ」の已然形が連なった、二重敬語を用いて発言している。

❺…牛車をそのままにしていると、どうしても目立ってしまいがちなので、一旦牛車を返させたと考えること。

❹ 解答・解説

問１（答）（例）(a)無駄に帰すな　(c)はじめに垣間見をさせよ

(a)…「いたづらに」は、ナリ活用の形容動詞「いたづらなり」（訳：役に立たない・**無駄だ**）の連用形。「て」は単純な接続（…て・…で）を表す接続助詞。「な」は「…（する）な」と訳す禁止の終助詞。雨の中姫君に会いに来て、何の成果も得られずに帰りたくないという少将の気持ちが表れた箇所。

(c)…「まづ」は「はじめに・ともかくも」などと訳す副詞。**「垣間見」とは男性が女性をのぞき見る行為**。「せ」はサ変動詞「す」の未然形。「させよ」は使役の助動詞「さす」の命令形。姫君の姿を一目見たいとじれったく思っている少将の言葉。

問２（答）１去ぬれ　３こ

１…下に接続助詞「ば」[＊1]が続いていることに注意。帯刀が少将のもとに去ったので、阿漕は姫君の前に参ったと訳すことができる。よって、ナ変動詞「去《い》ぬ」は**已然形**にするのが適当。「已然形＋ば、」で、順接の確定条件（原因・理由〔…ので〕など）を表す。

３…「『まだ暗きに［３］』とて、かへしつ」の「かへしつ」に尊敬語が使われていないため、これは帯刀の会話文であるとわかる。空欄は文末なので、終止形または命令形が入る。少将は御車（＝牛車）に乗って来たのだが、その牛車を扱う従者に対して、帯刀が「夜明け前の暗いときにもう一度ここにやって来い」と**命令**していると考えるのが自然。したがって、「**こ**」もしくは「**こよ**」が入るが、字数指定があるので解答は「**こ**」。

問３（答）な）…「いといたく［２］すぐだちぞ」は、帯刀に対する少将の返事。文末の「**ぞ**」は、禁

＊１　接続助詞「ば」は、**未然形**（未だ起こっていないこと）に接続するときは順接の**仮定**条件〔（もし）…ならば〕を表す。一方、**已然形**（すでに起こっていること）に接続するときは順接の**確定**条件（**原因・理由**〔…ので〕など）を表す。

止（…な）を表す終助詞で、呼応の副詞「**な**」とセットの「**な…そ**」の形で「…してくれるな」と訳す禁止表現となる。重要文法の知識を問う問題。しかるべき手順を踏まずに姫君に会おうとする少将をたしなめる帯刀と、「まあそんなにむきになるなよ」と返す少将。このやりとりからも、2人の親密な関係がうかがえる。

問4（答 ㊁ **最初に手紙を出してから女性の所に来るのが作法であることをさとしている。**）…傍線部の一文目は、「まづ／御消息／を／賜はせ／て」と単語分けされる。「賜はせ」は、サ行下二段活用の最高敬語「賜はす」（訳：お与えになる・お下しになる）の連用形。「て」は接続助詞で、直後に「（…からお越し）ください」などといった言葉が省略されていると考えられる。その後、「音なくてもおはしましけるかな」とあるように、帯刀は、少将が誰にも何も連絡せず、突然やってきたことについて無作法だとさとしている。

問5（答 ㊇ **意外に見劣りがしていなさるといけませんから。**）…傍線部は「心おとり／も／ぞ／せ／させ／たまふ」と単語分けされる。「心おとり」は「期待外れ」の意の名詞。「も」と「ぞ」はそれぞれ強意の係助詞であるが「**もぞ…連体形。**」の形で、「**…したら困る。**」などと訳す係助詞の特殊用法。「（姫君の容姿に）期待外れをなされたら困る」といった意味になるので、最も適当な解釈は㊇。

●『落窪物語』は日本版「シンデレラ」!?

この問題文は、『落窪物語』の男君が姫君のもとへやってくる最初のシーンです。姫君（落窪の君）に興味をもった男君（少将）はなんとかして垣間見しようとします。帯刀は恋人の阿漕と協力して2人を近づけようとしています。

この後、姫君を気に入った少将は三日間通い続け、めでたく結ばれることとなります。当時の男性は複数の女性を妻にもつ一夫多妻が多い中、この少将はずっとこの姫君一筋でした。継母にいじめられていた不幸な姫君はこの少将に愛され、最後は幸せになります。まるでシンデレラのようなストーリーですね。

この少将にはモデルがいます。中宮定子の義理の兄の藤原道頼という人物です。容姿端麗で思いやりがあったということですが、25歳の若さで夭折したそうです。

第14回 常識 COMMON SENSE

読解に活かす古文常識②
貴族の住居（寝殿造）

重要度
B
解答時間
15分
学習日
／

❶ 要点整理

飛鳥時代や奈良時代には、一時的に大陸の文化を取り入れたことから壁が厚く窓の少ない建築様式が見られましたが、平安時代中期になると、日本の風土に合った窓の多い建物が考案されました。その一つに、貴族の住宅様式である「**寝殿造**《しんでんづくり》」があります。貴族の住居の基本的な構造を理解すれば、古文の各場面が「目に見える」ようになります。

【寝殿造の七つのポイント】

① **寝殿**《しんでん》は「**主人**」**の住居**であり、「**北**《きた》**の対**《たい》」は北《きた》の方《かた》（＝主人の正妻）が住む建物（別棟）である。

② 「**東の対**」や「**西の対**」は、主人の妻や子女が住む建物である。

※「東の対」や「西の対」に娘を住まわせるケースが多かったため、外の男性はここを「垣間見」していた。

③ 寝殿と**北の対・東の対・西の対**は、**渡殿**《わたどの》という屋根付きの廊下で結ばれている。

④ **東の門**と**西の門**を正門とし、**北の門**は女性が出入りするための門であるケースが多い。

⑤ 各建物の内部は、中央にある「**母屋**《もや》」（＝**身分の高い人**がいる場所）と、その周囲の空間である「**廂**《ひさし》（**庇**《ひさし》）」＊1（＝**女房**などがいる場所）の二層構造で、外側を「**簀子**《すのこ》」という板敷《いたじき》で囲んだ。

⑥ 部屋の周囲は、上げ下げする窓である「**格子**《かうし》」や、格子の裏に板を張った「**蔀**《しとみ》」で囲んだ。

⑦ **西側**や**東側**には両開きの戸である「**妻戸**《つまど》」、**北側**には引き戸である「**遣戸**《やりど》」がある場合が多い。

◆補足説明

＊1 平安時代の寝殿造の建物は、中央の**母屋**とその周囲の**廂**からなる広い空間があるだけで、現代の建物のように壁で内部が仕切られてはいなかった。そのため、**御**《み》**簾**《す》、**屏風**《びょうぶ》、**几帳**《きちょう》などの調度品を（パーテーションのように）用いて空間を区切り、そのとき々に応じてそれぞれの部屋を作っていた。なお、**塗籠**《ぬりごめ》という、厚い壁で仕切られた閉鎖的な空間が寝室や納戸として使われる場合もあった。

【寝殿造の簡略図】

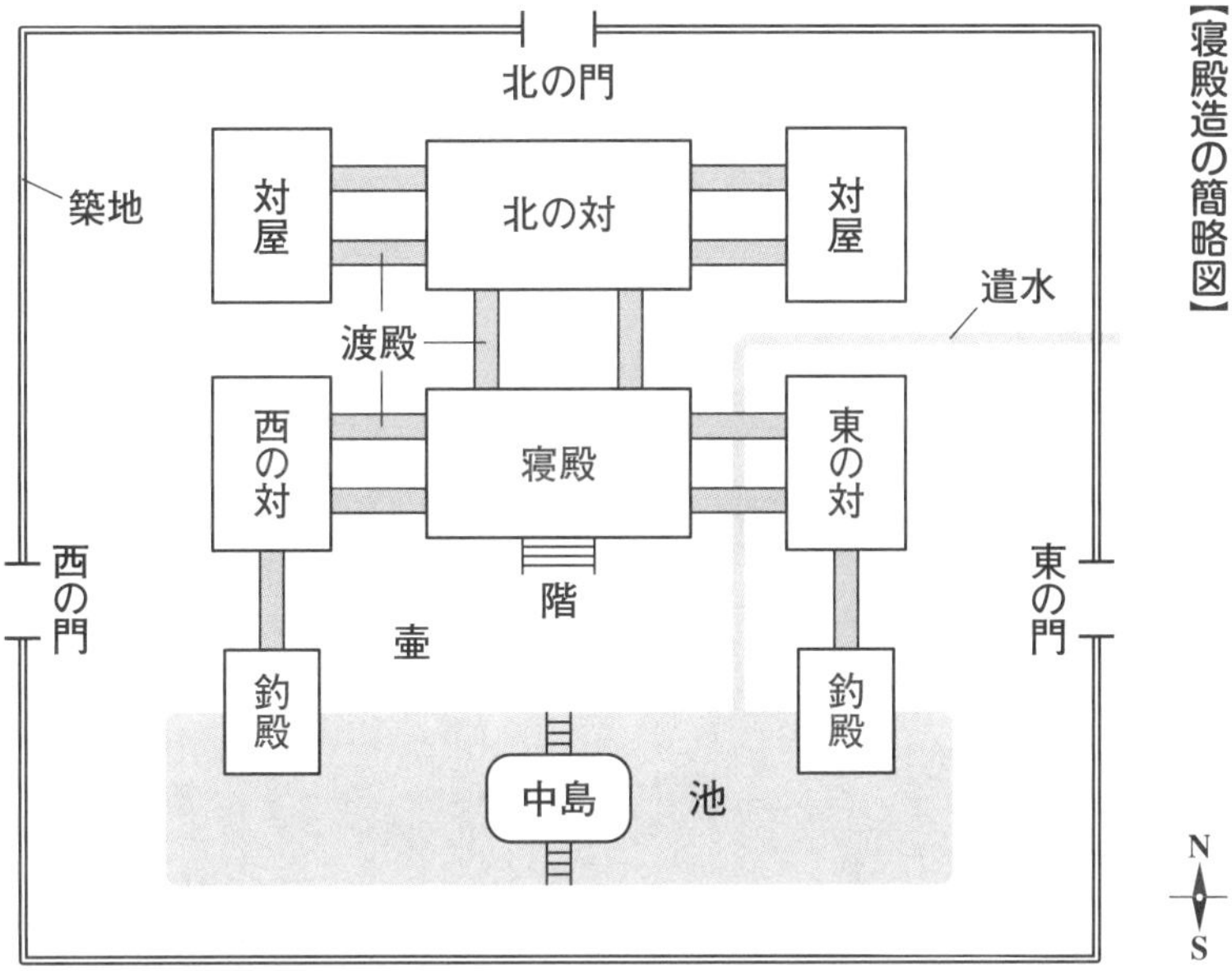

【基本的な部屋の構造】

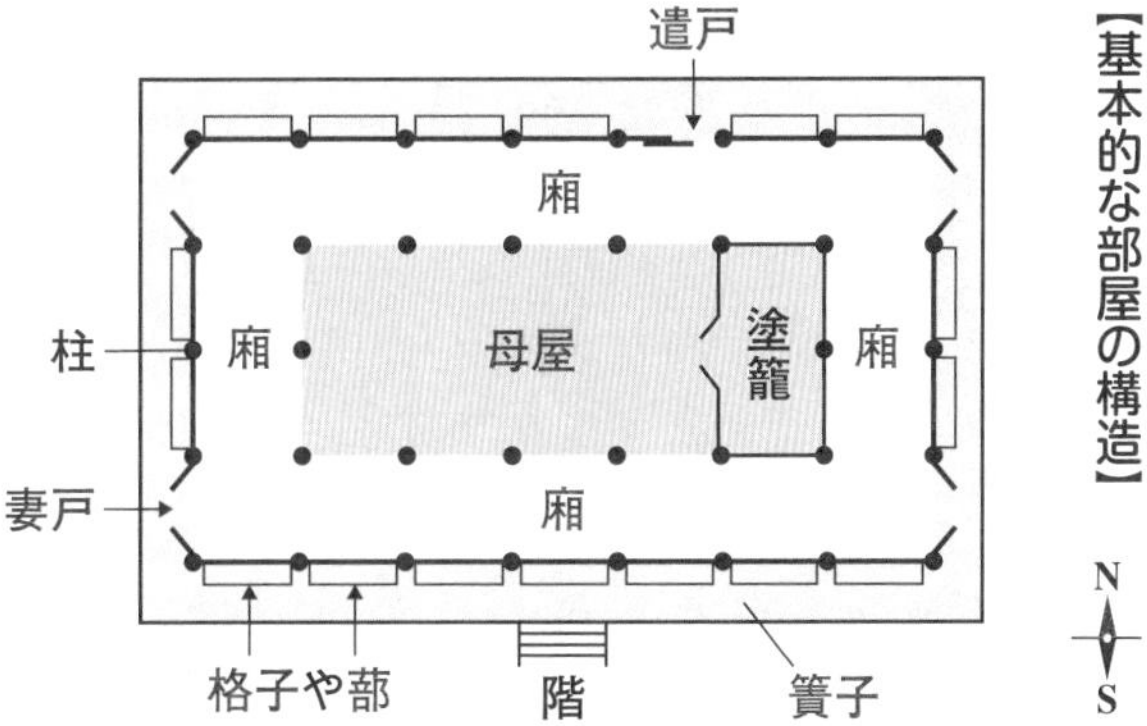

●寝殿造の内部と外部

寝殿の南側の簀子には、**壷**（＝庭）に降下するための**階**《はし》という階段があります。壷からこの階を上ると、真正面には格子があります。この格子を隔てて外と中で会話がなされる場面は多いんです。

●牛車と身分

主人より身分の高い人物は壷（＝庭）まで牛車を乗り進められますが、それ以外の人は東の門や西の門に入ったすぐの場所か、門の外に停めることが多かったようです。身分の高い人は、牛車から降りずに家の者に会うことができたわけです。

2 問題演習

次の文章は『大和物語』の一節で、泉の大将（＝藤原定国）が、左大臣（＝藤原時平）のもとに、夜更けに急に訪れる場面である。これを読んで後の問いに答えよ。

※1泉の大将、※2故左の大臣に(a)詣で(b)たまへりけり。ほかにて酒など参り、酔《ゑ》ひて、夜いたくふけて、(1)ゆくりもなくものしたまへり。大臣おどろきたまひて、「いづくにものし(c)たまへ(2)るたよりにかあらむ」など(d)聞こえ(e)たまひて、御格子あげさわぐに、※3壬生忠岑、御供にあり。御階《みはし》のもとに、※4松ともしながらひざまづきて、(3)御消息申す。

「※5かささぎの渡せる橋の霜の上を夜半にふみわけ(4)ことさらにこそ

となむのたまふ」と申す。あるじの大臣《おとど》、いとあはれにをかしとおぼして、その夜、夜ひと夜、大御酒《おほみき》まゐり、遊びたまひて、(5)大将も物かづき、忠岑も禄たまはりなどしけり。

（大和物語）

（注）

※1 泉の大将…藤原定国。平安前期の公卿。内大臣であった藤原高藤（たかふじ）の長男。

※2 故左の大臣（おほいどの）…藤原時平。平安前期の公卿。摂政や関白や太政大臣を歴任した。藤原基経（もとつね）の長男。

※3 壬生忠岑（みぶのただみね）…平安前期の歌人。三十六歌仙の一人。『古今和歌集』の撰者の一人でもあった。

※4 松…松明（たいまつ）。

※5 かささぎ…陰暦七月七日に牽牛星（＝彦星）・織女星（＝織姫）を会わせるために白い羽を並べて橋を造り、天の川をわたすとされている。

問1　二重傍線部(a)〜(e)は、誰から誰への敬意を表しているか。次の(例)を参考にして答えよ。
(例)(イ)→(ロ)(泉の大将から故左大臣への敬意)
(イ)泉の大将　(ロ)故左大臣　(ハ)壬生忠岑　(ニ)筆者

問2　傍線部(1)をわかりやすく現代語訳せよ。

問3　傍線部(2)「たより」の意味として適当なものを以下の選択肢から一つ選べ。
(イ)縁故　(ロ)手段　(ハ)手紙　(ニ)ついで　(ホ)よりどころ

問4　傍線部(3)「消息」の意味として適当なものを以下の選択肢から一つ選べ。
(イ)便り　(ロ)挨拶　(ハ)住所　(ニ)弁明　(ホ)離別

問5　傍線部(4)「ことさらにこそ」の下に補うのに最も適当なものを、以下の選択肢から一つ選べ。
(イ)まうでたら　(ロ)まうでたり　(ハ)まうでたる　(ニ)まうでたれ

問6　傍線部(5)の意味として正しいものを以下の選択肢から一つ選べ。
(イ)泉の大将も引き出物をいただき、壬生忠岑も褒美をいただいたりしたのだった。
(ロ)泉の大将も引き出物をお与えになり、壬生忠岑も褒美をいただいたのであった。
(ハ)泉の大将も引き出物をお与えになり、壬生忠岑も褒美を与えられたのであった。
(ニ)泉の大将も引き出物をいただき、壬生忠岑も褒美をお与えになったのであった。
(ホ)泉の大将がいただいた引き出物を、壬生忠岑が褒美として譲り受けたのだった。

③ 全文解釈

（■重要語／■助動詞／■接続助詞／■尊敬語／■謙譲語／■丁寧語）

A泉の大将、B故左の大臣に詣でたまへりけり。ほかにて酒など参り、酔ひて、
泉の大将が、故左大臣のお邸に参上なさった。（Aは）よそで酒などを召し上がり、酔って、

夜いたくふけて、ゆくりもなくものしたまへり。B大臣おどろきたまひて、
夜がたいそう更けて、（Bの邸に）突然いらっしゃった。左大臣は驚きなさって、

「いづくにものしたまへるたよりにかあらむ」など聞こえたまひて、御格子
「どこにお寄りになったついでであろうか」などと申し上げなさって、御格子を

あげさわぐに、C壬生忠岑、御供にあり。御階のもとに、松ともしながら
大急ぎで上げるときに、壬生忠岑が、（Aの）お供に居あわせる。寝殿の階段のたもとに、松明をともしながら

ひざまづきて、御消息申す。
ひざまずいて、（BにAの）ご挨拶を申し上げる。

「かささぎの渡せる橋の霜の上を夜半にふみわけことさらにこそ
「（Aが❶）『寝殿の階段の霜の上を、夜更けに踏み分け、意図的に伺ったわけで、ほかへ行ったついでではありません』

となむのたまふ」と申す。あるじのB大臣、いとあはれにをかしとおぼし
とおっしゃっております」と（Cが❷）申し上げる。邸の主人である左大臣は、大変しみじみと趣があることよとお思い

て、その夜、夜ひと夜、大御酒まゐり、遊びたまひて、A大将も物かづき、
になって、その夜は、一晩中、酒を召し上がり、音楽の遊びをなさって、大将も引き出物をいただき、

登場人物

A泉の大将…夜更けに酔っ払って突然Bの所に来た。

B故左の大臣…突然やってきたAに困惑している。

C壬生忠岑…Aの供人。歌の名人。Aのために Bに歌を詠む。

□★★ **ゆくりなし** 形ク
①突然だ・思いがけない

□★★ **ものす【物す】** 動サ変
①（文脈）…する ②（文脈）…である ③行く・来る

□★★★ **たより【頼り・便り】** 名
①機会・ついで ②縁故・よりどころ ③手紙・音信

□★★ **せうそこ【消息】** 名
①手紙 ②訪問 ③挨拶

□ **ことさらなり** 形動ナリ
①意図的だ ②格別だ ③趣深い

□★★★ **あは《わ》れなり** 形動ナリ
①しみじみと…だ ②気の毒だ ③趣深い

□★★ **かづく【被く】** 動カ下二
①褒美を与える ②かぶせる ③褒美をいただく

C　忠岑も（係助）禄たまはり（四[用]）など（副助）し（サ変[用]）けり（過去[終]）。

忠岑もご褒美を頂戴したのだった。

9

❶…「かささぎの…」の和歌中で「私はついでではなく故左大臣殿（B）をわざわざ訪問しているのだ」と訴えている点から、詠み手は泉の大将（A）である。

❷…❶の和歌をBに伝え話しているのはAの供人である壬生忠岑（C）。後ろにある謙譲語「申す」や「あるじの大臣」の言葉から状況が理解できる。

❹ 解答・解説

問1 （答）(a)㋥→㋺　(b)㋥→㋑　(c)㋺→㋑　(d)㋥→㋑　(e)㋥→㋺）…(c)は故左大臣の会話文の中にある敬語なので、**故左大臣**（㋺）**から**の敬意。(c)以外の敬語は地の文にあるので、すべて**筆者**（㋥）**から**の敬意。

(a)・(b)…「まうで」は「参上する」と訳す謙譲語「詣づ」の連用形。(b)の「たまへ」は「～なさる」と訳す尊敬の補助動詞。泉の大将が左大臣の所に「詣づ」という構図なので、(a)は動作の受け手である**故左大臣へ**の敬意で、(b)は動作の主体である**泉の大将へ**の敬意となる。

(c)…会話文の「たまへ」は「お～になる」と訳す尊敬の補助動詞。「ものしたまへる（訳：いらっしゃった）」の主語は泉の大将であると考えられるので、**泉の大将**への敬意。

(d)・(e)…「聞こえ」は「申し上げる」と訳す謙譲語。「たまひ」は「お～になる」と訳す尊敬の補助動詞。急に訪れた泉の大将に左大臣が発した言葉なので、(d)は動作の受け手である**泉の大将**への敬意。(e)は動作の主体である**故左大臣**に対する敬意である。

問2 （答）例 **泉の大将は左大臣の所に突然いらっしゃった**

「わかりやすく現代語訳する」というのは、省略された主語や目的語を補って自然な形で訳すということ。ここでは「**泉の大将は**（主語）**左大臣の所［もと／邸］に**（目的語）」を補うとよい。「ゆくりもなく」は、形容詞「ゆくりなし」（訳：**突然だ**）を係助詞「も」で強調した表現。「ものし」はサ変動詞「ものす」＊1の連用形。「たまへ」は、ハ行四段活用の尊敬の補助動詞「たまふ」の已然形。「り」は、四段活用の已然形に接続する、完了の助動詞「り」の終止形。「ものしたまへり」で「**いらっしゃった**」と訳すのが自然。

◆補足説明

＊1「ものす」は、「ある・いる・行く・**来る**」などを婉曲的に表す言葉。文脈に応じて「…する／…である」などと訳すことが多い。ここでは、「来る」の意味で取るのが適当。

＊2「かづく」は、下二段活用の場合は「け一け一く一くる一くれ一けよ」と活用するので、「かづき」という形にはならない。四段活用の場合は「か一**き**一く一く一け一け」と活用するので、「かづ**き**」は四段活用動詞の**連用形**であるとわかる。

＊3「…用言、…」のように、用言の直後に読点（、）が付き、その後に文が続く場合、この用言は基本的に**連用形**になる（連用中止法）。

問3（答㊁ **ついで**）…「たより【頼り・便り】」は、「機会・ついで／縁故・よりどころ／手紙・音信」などと訳す多義語。泉の大将は、**ほかの場所**で酒を飲み、そのついでに突然左大臣邸に参上したという文脈なので、㊁の「**ついで**」が適当。

問4（答㋺ **挨拶**）…「消息」は「せうそこ《ショウ　ソク》」と読み、「手紙／訪問・挨拶」などの意味がある。ここでは「忠岑が階段の上にいる左大臣に○○を申し上げた」という文脈なので、㋺「**挨拶**」が適当。この「挨拶」は、厳密には「訪問して、来意を告げること」の意。

問5（答㊁ **まうでたれ**）…「こそ」に注目すると、「こそ…已然形」という係結びの法則から、文末が**已然形**である語句が省略されていると考えられる。完了の助動詞「たり」は「たら―たり―たり―たる―**たれ**―たれ」と活用するので、㊁「**まうでたれ**」が正解。

問6（答㋑ **泉の大将も引き出物をいただき、壬生忠岑も褒美をいただいたりしたのだった。**）…「かづく【被く】」は、下二段活用のときは「褒美を与える／かぶせる」という意味になるが、四段活用動詞のときは「(褒美などを)**いただく**／かぶる」という意味になる。この「かづき」は四[*2]段活用の連用[*3]形なので、「大将も物かづき、」の部分は「泉の大将も引き出物を**いただき、**」と訳すのが適当。また、「たまはる【賜る】」も「**いただく**」と訳す謙譲語（☞33頁）。泉の大将と壬生忠岑の2人共が、故左大臣から物を「**いただく**」という文脈なので、正解は㋑。

●壬生忠岑の和歌の技巧

泉の大将たちが左大臣邸に到着したのは凍てついた夜のことであり、時平邸の階も真っ白に霜が降りていました。泉の大将の近くに侍っていた壬生忠岑はこの白い階段を、織姫と彦星が一年に一度だけ出会うことのできる天の川の架け橋にたとえたのです。この架け橋は、鵲（かささぎ）という白い羽の鳥が羽を交差させてできるという言い伝えがあるのです。一年に一度の想いで左大臣様に会いにきましたというわけですね。

藤原時平は菅原道真に罪をきせ、太宰府に左遷した非情の人物として有名ですが、ここでは和歌の趣を解する粋な風流人として描かれていますね。

第15回 常識
COMMON SENSE

読解に活かす古文常識③ 内裏と清涼殿

平安時代の作品は、内裏《だいり》と清涼殿《せいりょうでん》を舞台にしているものが多いため、その基本構造を理解しておくと古文をより「ビジュアル」に読解できるようになります。要点をおさえておきましょう。

❶ 要点整理

【内裏と清涼殿の基本構造】

① 「**内裏**《だいり》」とは天皇（帝）がいる場所[*1]のことで、その中央付近にある「**清涼殿**《せいりょうでん》」が天皇の住居。

② 清涼殿の北側に配置された「**七殿**《しちでん》」と「**五舎**《ごしゃ》」（左図青枠）は、合わせて「**後宮十二宮**《こうきゅうじゅうにきゅう》」と呼ばれ、天皇の妻（＝皇后・中宮／女御・更衣）が住み、多くの女房たちがそこに仕えた。

※妻たちは、帝のお呼びがかかると清涼殿に向かう。帝が直接妻の殿舎に行く場合もある。

③ 清涼殿に近い「**弘徽殿**《こきでん》」と「**飛香舎**《ひぎょうしゃ》（**藤壺**《ふじつぼ》）」には、最も有力な臣下の娘や皇族が帝の妻として入った。

④ 内裏や清涼殿の基本的な構造は「**寝殿造**《しんでんづくり》」に準ずる[*2]。

⑤ 清涼殿の南側にある「**殿上**《てんじょう》**の間**《ま》」は、臣下（上達部や殿上人など）がお仕えする場所である。

⑥ 清涼殿の「**昼**《ひ》**の御座**《おまし》」は天皇の日中の御座所で、「**夜**《よる》**の御殿**《おとど》」は天皇の夜の御座所である。

⑦ 清涼殿内の「**弘徽殿上**《うへの》**御**《み》**局**《つぼね》」と「**藤壺上御局**」は、夜《よ》の御殿《おとど》の近くにあり、天皇に呼ばれた妻の待機所である。

重要度
C
解答時間
9分
学習日
／

◆補足説明

＊1 左頁の図（上部）のように、平安京の北側中央にある広大な**大内裏**《だいだいり》の中の、真ん中あたりに**内裏**がある。

＊2 内裏にある各殿舎の配置や部屋の中の構造は、基本的にすべて「**寝殿造**」になっている。殿舎の中央（一番奥）に**母屋**があり、そのまわりを**廂**の間が囲み、さらにその周囲を板敷の**簀子**で囲むという三層構造である。

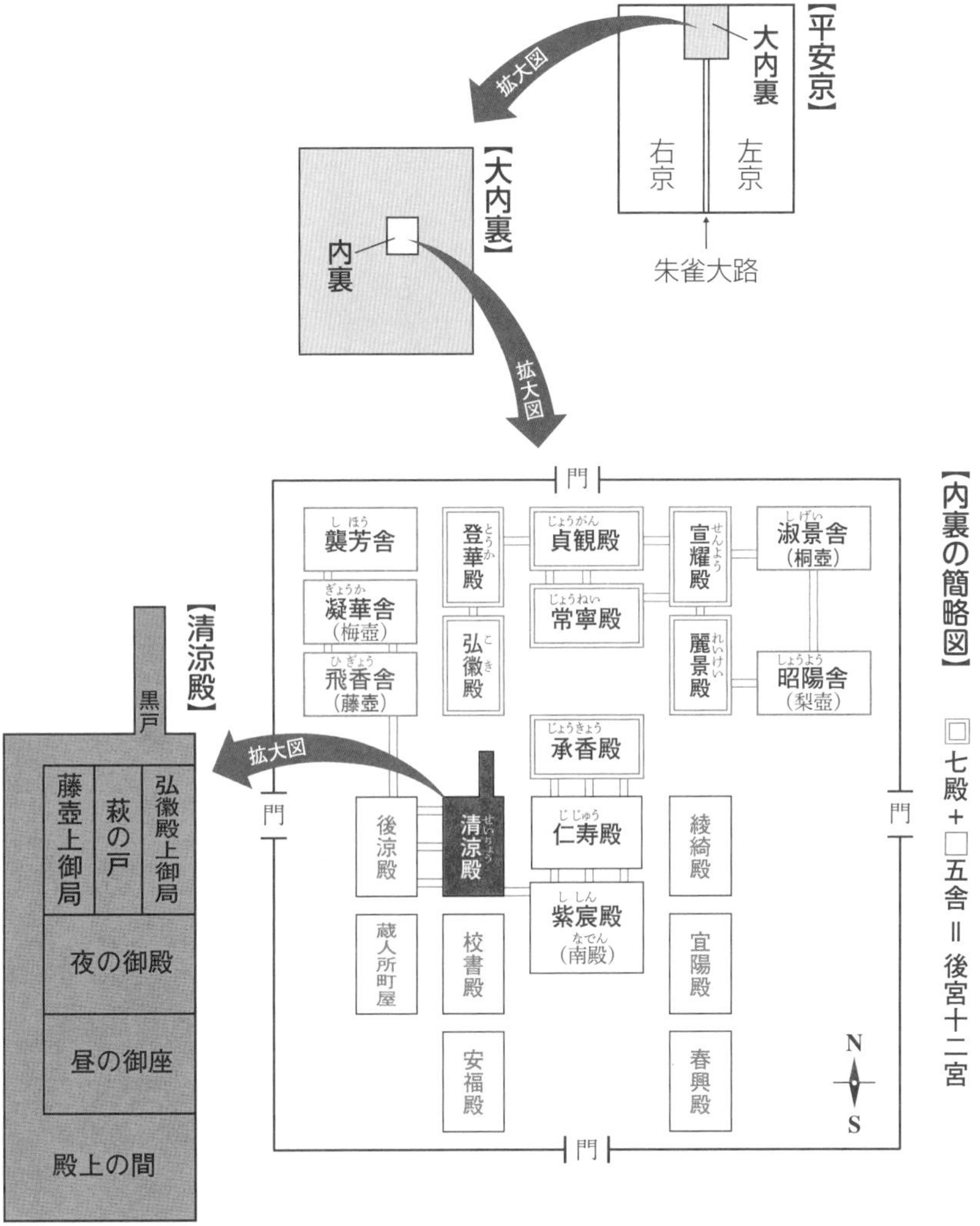

●「桐壺更衣」の由来

清涼殿から最も遠い後宮はどこでしょう？　上図の一番右上にある**淑景舎**《しげいしゃ》（別名：**桐壺**）ですね。『源氏物語』では、光源氏の母である桐壺更衣は、ここに住んでいました。一番離れた所から帝の所まで何度も通っており、その際に、嫉妬したほかの奥方から心無いいじめを受けていたわけです。内裏の構造や各殿舎の配置がわかると、同じ古文を読んだときでも、その理解度に大きな差が出てきますね。

❷ 問題演習

次の文章は『讃岐典侍日記』の一節で、筆者が堀河天皇崩御の後、幼帝の鳥羽天皇（おまへ）に仕えていた頃の様子を記したものである。これを読んで後の問いに答えよ。

灌※1仏の日になりぬれば、われもわれもと取りいだされたり。ことはじまり(1)ぬれば、昼※2の御座の御前のⓐ御簾おろして、人々いでて見る。殿※3をはじめまゐらせて、広※4廂の高欄に、例の作法たがはず下襲《したがさね》のしりうちかけつつ、上達部たち、(2)ゐなみたり。御※5導師、ことの有様申して、水かく。昔にたがはず。御導師、水かけて、殿、参らせたまひてかけさせたまへれば、次第によりて、つぎつぎのⓑ上達部、かく。(3)何ごとかはたがひて見ゆる。おまへ、御几帳のかみより御覧ぜ(4)んとおぼしめす。御たけのたら(5)ねば、(6)いだかれて御覧ずる、あはれなり。おとなにおはしますには、引直衣《ひきなほし》にて、念誦《ねんず》してこそ、御帳のまへにおはしましましか。まづ目たちて、中納言にもおとらずおぼゆれば、人めも見ぐるしくて、おまへ、ことはてぬにおりぬ。

（讃岐典侍日記　※一部省略）

（注）

※1 灌仏（かんぶつ）…旧暦の四月八日に釈迦《しゃか》誕生を祝って、釈迦の像に水を灌《すす》ぐ宮中行事のこと。

※2 昼の御座（ひのおまし）…清涼殿にある帝の日中の御座所。

※3 殿…当時の摂政であった人物。

※4 広廂（ひろびさし）…住居の中の外側の部屋。内側の部屋が母屋。

※5 御道師（ごどうし）…儀式を主宰する僧。

問1　二重傍線部ⓐ・ⓑの読みを現代仮名遣い（平仮名）で答えよ。

問2　波線部⑴・⑷・⑸の助動詞の品詞説明として正しいものを、以下ⅠとⅡの中からそれぞれ一つずつ選べ。

Ⅰ　㋑比況　㋺完了　㋩推量　㋥打消　㋭意志　㋬過去

Ⅱ　㋑未然形　㋺連用形　㋩終止形　㋥連体形　㋭已然形　㋬命令形

問3　傍線部⑵「ゐ」を漢字に直しなさい。

問4　傍線部⑶はどのようなことを言っているのか。二〇字以内で説明せよ。

問5　傍線部⑹を、主語を補ってわかりやすく現代語訳せよ。

3 全文解釈

（■重要語／■助動詞／■接続助詞／■尊敬語／■謙譲語／■丁寧語）

[1] 灌仏の日になりぬれば♻、われもわれもと取りいだされたり。ことはじ

灌仏の日になったので、（原因）（人々が）われもわれもと（お布施を）お出しになられた。儀式が始まっ

[2] まりぬれば♻、昼の御座の御前の御簾おろして、人々いでて見る。A殿をはじ

たら、昼の御座の御前の御簾を下げて、人々は儀式の有様を見る。摂政殿をはじ

[3] めまゐらせて、広廂の高欄に、例の作法たがはず下襲のしりうちかけつつ、

めとし申し上げて、〈補〉広廂の手すりに、いつもの作法と異ならず下襲の裾をかけながら、

[4] B上達部たち、ゐなみたり。C御導師、ことの有様申して、水かく。昔にたがは

上達部たちが、並んで座っている。御導師が、儀式のあらましを申し上げて、水をかける。以前と違わ

[5] ず。C御導師、水かけて、A殿、参らせたまひてかけさせたまへれば、次第に

ない。御導師が、水をかけて、摂政殿が、（仏前に）参上なさって、水をおかけになると、〈補〉〈偶然〉次第にし

[6] よりて、つぎつぎのB上達部、かく。❶何ごとかはたがひて見ゆる。Dおまへ、

たがって、次々と続く上達部も（水を）かける。何が、以前と異なって見えるだろうか、いや見えない。鳥羽

[7] 御几帳のかみより御覧ぜんとおぼしめす。御たけのたらねば、いだかれて

天皇は、御几帳越しに（儀式を）御覧になろうとお思いになる。〈起因〉（Dは）ご身長が足らないので、抱かれて御覧にな

[8] 御覧ずる、あはれなり。おとなにおはしますには、引直衣にて、念誦して

る（様子は）、しみじみといじらしい。（堀河天皇は❷）大人でいらっしゃるので、〈補〉引直衣をお召しになって、念誦をしな

登場人物

A 殿…摂政にあたる人物。Bの代表格。

B 上達部…三位以上の貴族。摂政を筆頭にうやうやしく灌仏の儀式を執り行なっている。

C 御導師…灌仏の儀式を主宰する人物。

D おまへ（御前）…鳥羽天皇。第七四代天皇で、病没した堀河天皇の後をついで即位した幼帝。

□★★ たがふ【違ふ】動八四／八下二
①違う・間違える ②そむく

□★★ みゆ【見ゆ】動ヤ下二
①見える・見られる ②会う ③結婚する

□★★★ あは《わ》れなり 形動ナリ
①しみじみと…だ
②気の毒だ ③趣深い

❶…係助詞「かは・やは」は、係助詞「か」に係助詞「は」が付いて一語化したもの。疑問・反語の意があるが、反語の意の方の用例の方が多い。

❷…幼帝である鳥羽天皇（D）と

こそ、御帳のまへにおはしまししか。まづ目たちて、中納言にもおとらず

がら、御帳の前にいらっしゃったものであった。（私の泣き顔は❸）真っ先に目立っていて、源中納言にも劣らないと思

おぼゆれば、人めも見ぐるしくて、おまへ、ことはてぬにおりぬ。

われるので、人に見られるのもみっともなくて、（私は）天皇の御前を、まだ行事の終わらぬうちに退出した。

対比して描かれ、加えて尊敬語「おはしまし」＋過去の助動詞「しか」の表現から、身分が相当高く過去で表される人物が主語であることがわかる。該当するのは堀河天皇。

❸…「おとらずおぼゆれば、」の主語は「私の泣き顔の目立ちぶり」である。訳を補うと、「私の泣き顔は、真っ先に目立っていて、その目立ちぶりは中納言にも劣らないと思われるので、」となる。

❹ 解答・解説

問1（答 ⓐみす ⓑかんだちめ）

ⓐ…「御簾」は「みす」と読む「簾《す》」の尊敬語。すだれのこと。

ⓑ…「上達部」は、三位以上の最も位階の高い貴族のことで、「**かんだちめ**」と読む。「公卿《くぎやう》／月《げっ》客《かく》／月卿《げつけい》」ともいう。

問2（答 (1)Ⅰ㋺ 完了 Ⅱ㋭ 已然形　(4)Ⅰ㋭ 意志 Ⅱ㋩ 終止形　(5)Ⅰ㋥ 打消 Ⅱ㋭ 已然形）

(1)…波線部直前の「はじまり」はラ行四段活用動詞「はじまる【始まる】」の**連用形**。よって、「ぬれ」は連用形接続である**完了**の助動詞「ぬ」の**已然形**。

(4)…この「ん」は助動詞「む」と同じ。「…ん**とおぼしめす**。」の形に注目。助動詞「む［ん］」は、直後に「と思ふ（＝思《おぼ》す・**思《おぼ》しめす**）」が付く場合、**意志**の意味になる。また、この格助詞「と」は引用（～と）を表し、**終止形**に接続する。

(5)…直前の「たら」はラ行四段活用動詞「たる【足る】」の未然形。未然形に接続する「ねば、／ねど、／ねども、」の「ね」は、**打消**の助動詞「ず」の**已然形**。

問3（答 居）

この「ゐ」は、ワ行上二段活用動詞「ゐる」の連用形で、漢字にすると、「**居《ゐ》る**」（訳：座る・居る・住む）か「**率《ゐ》る**」（訳：引き連れる・携える）のどちらかである。ここでは、人々が並んで**座っている**様子が描かれているため、「**居《ゐ》**」の方が適当。

問4（答 **例年どおりの儀式の進行であるということ**（一九字））

傍線部(3)は「何ごと／か／は／たがひ／て／見ゆる」のように単語分けされる。「か／は」は係助詞の「か」と「は」が連続した形で、この形のときはほぼ**反語**《はんご》（訳：…〔だろう〕か、いや…ない）の意味を表す。[*1]現代語訳は「何が、以前と異なって見えるだろうか、いや見えない」となる。前の文（3・4・5）にも「例の作法たがはず」や「昔にたがはず」とある。先帝の堀河天皇が崩御し、幼帝の鳥羽天皇の代に変わっても、「灌仏」の儀式は例年と何ら変わらずに行なわれているのだという、筆者の複雑な[*2]胸中が強調されている。

問5（答 **鳥羽天皇が（人に）抱かれて（灌仏の儀式を）ご覧になる様子は、しみじみといじらしい**）

傍線部(6)は「いだか／れ／て／御覧ずる／あはれなり」と単語分けされる。「いだか」は、カ行四段活用動詞「いだく**【抱く】**」（訳：**抱く**・抱きかかえる）の未然形。「れ」は受身の助動詞「る」の連用形。「御覧ずる」は、「**ご覧になる**」と訳すサ行変格活用動詞「御覧ず」の連体形で、最高敬語なので、主語は「おまへ（＝鳥羽天皇）」であるとわかる。「ご覧になる**様子**は／ご覧になる**のは**」などの言葉を補足すること。「あはれなり」はナリ活用の形容動詞。幼い鳥羽天皇の様子を表したものなので、「**しみじみといじらしい〔かわいい〕**」などと訳すとよい。

＊1 「何ごと」は「どんなこと」という意の名詞。「たがふ**【違ふ】**」は「異なっている」と訳すハ行四段活用動詞。「て」は接続助詞。「見ゆる」は「〜のように見える・思われる」などと訳すヤ行下二段活用動詞「見ゆ」の連体形。文末が連体形になっているのは、係助詞「か」の結びになっているからである。

＊2 『讃岐典侍日記』は、内侍であった讃岐典侍（＝藤原長子）によって書かれた平安後期の宮中日記。最愛の人であった堀河天皇崩御の後、その子である鳥羽天皇に仕えることになった筆者の複雑な胸中が綴られている。例年と何ら変わらない儀式なのに、最愛の人だけがいない。その悲しさが表れた場面である。

第16回 常識 COMMON SENSE

読解に活かす古文常識④ 位階と官職

平安時代、貴族の中では明確な身分の格差がありました。[*1] 位階と官職を理解することで、登場人物の立場（どちらが上なのか）がわかり、敬語と同様、主語の補足の目安になります。

重要度 B
解答時間 7分
学習日 ／

❶ 要点整理

【位階と官職のポイント】

① 貴族にはそれぞれ**位階**《いかい》（＝冠《かうぶり》）が与えられ、それに相当する**官職**《かんしょく》（＝司《つかさ》）に就いた。[*2]

㈸ 四位中将…「四位」が位階、「中将」が官職。

② 三位以上の貴族を「**上達部**《かんだちめ》（＝**月客**《げっかく》・**公卿**《くぎゃう》）」、四・五位を「**殿上人**《てんじゃうびと》（＝**雲客**《うんかく》・**堂上**《だうじゃう》）」、六位以下を「**地下**《ぢげ》（**堂下**《だうか》）」と呼んで区分していた。

③ 天皇の妻は多数おり、妻の序列は**実父の位階**によって決まった。[*3]

1 **中宮**《ちゅうぐう》（**皇后**《くゎうごう》）→ 2 **女御**《にょうご》 → 3 **更衣**《かうい》

※これら天皇の妻に仕える女性が「**女房**」。紫式部や清少納言は、中宮に仕える女房であった。

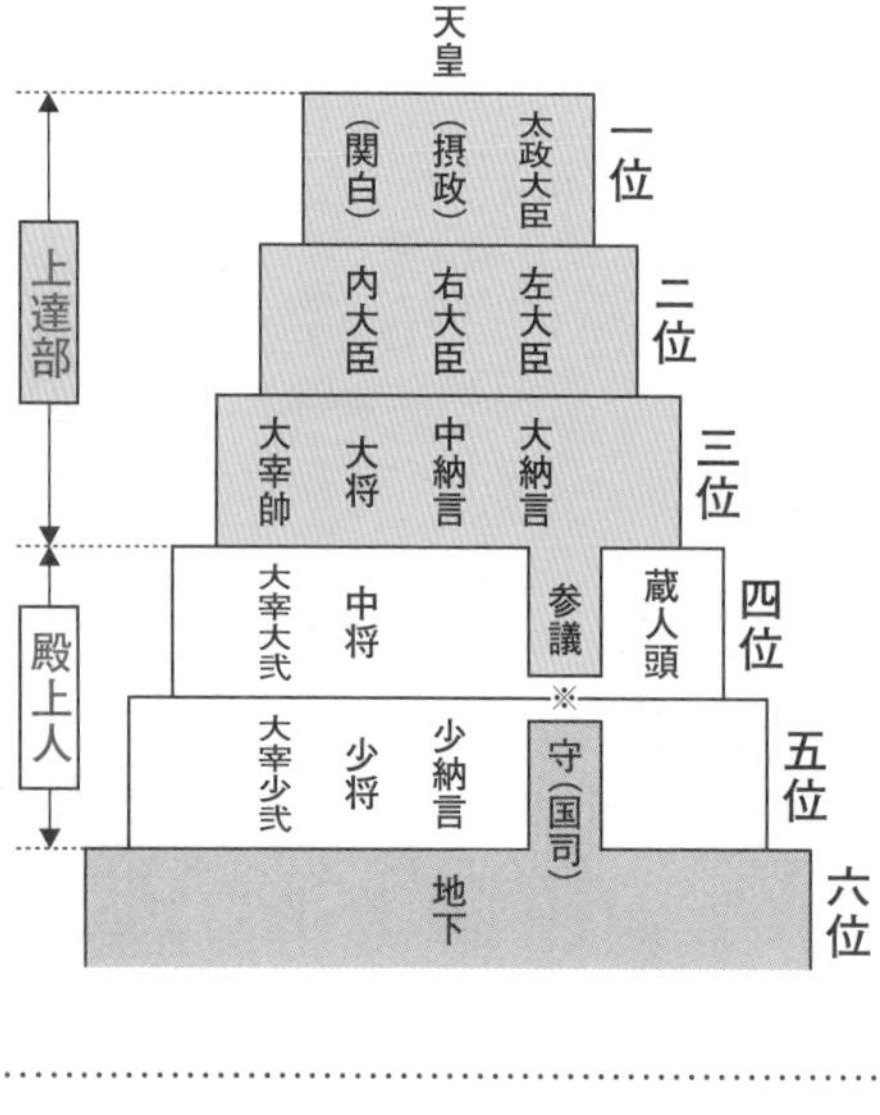

※**参議**は四位でも「**上達部**」に含まれる。一方、**守**（**国司**）は五位でも昇殿を許されない「**地下**」であった。

◆補足説明

＊1 平安時代の貴族は、約30段階の位階が定められていた。殿上の間に昇殿できる（＝天皇に会える）のは「五位以上」の貴族と六位の蔵人だけだった。

＊2 「～大臣／～納言／参議」は太政官として政治・行政を担当。「～将」は近衛府で内裏の警護を担当。「大宰～」は大宰府で九州の統括を担当。「蔵人頭」は天皇の秘書（側近）。「守(国司)」は地方の行政を担当した。権力のある人は複数の官職を兼職した。

＊3 例えば、『源氏物語』であれば、「弘徽殿女御」の父は右大臣(二位)で、「桐壺更衣」の父は故大納言(三位)である。女御の中から特に選ばれた女性が中宮（皇后）になる。

❷ 問題演習

次の文章は『源氏物語』の冒頭で、帝に寵愛された桐壺更衣について書かれたものである。これを読んで後の問いに答えよ。

※1いづれの御時《おほむとき》にか、ⓐ女御、ⓑ更衣あまたさぶらひたまひける中に、(1)いとやむごとなき際《きは》にはあらぬが、すぐれて時めきたまふありけり。はじめより我はと思ひあがりたまへる※2御方々、(2)めざましきものにおとしめそねみたまふ。同じほど、それより下臈《げらふ》の更衣たちは、まして安からず。上達部、上人《うへびと》などもあいなく目を側《そば》めつつ、いとまばゆき人の御おぼえなり。いとはしたなきこと多かれど、かたじけなき御心ばへのたぐひなきを頼みにてまじらひたまふ。

（源氏物語　※一部省略）

問1　二重傍線部ⓐ・ⓑの読みを平仮名現代仮名遣いで書きなさい。

問2　傍線部(1)はどのようなことを表しているのか。四〇字以内で説明せよ。

問3　傍線部(2)を現代語訳せよ。

（注）
※1　いづれの御時にか…どの天皇の御治世であっただろうか。
※2　御方々…（天皇の）奥様方。

❸ 全文解釈

（重要語／助動詞／接続助詞／尊敬語／謙譲語／丁寧語）

いづれの御時にか、女御、更衣あまたさぶらひたまひける中に、いと

どの天皇の御治世であったか、❶（Bのもとに）女御や更衣がたくさん❷伺候しなさっていたその中に、大変

やむごとなき際にはあらぬが、Aすぐれて時めきたまふありけり。はじめ

高貴な身分というわけではないが、格別に（帝の）寵愛を受けなさっている人がいた。（入内した）はじめ

より「我は」と思ひあがりたまへる御方々、めざましきものにおとしめそねみ

から「私こそが（寵愛を）」と思い上がりなさっている奥方様らは、（Aを）気にくわない者だとさげすみねたみ

みたまふ。同じほど、それより下臈の更衣たちは、まして安からず。

なさる。同じ身分、それよりも下の身分の更衣たちは、なおさら心安らかではない。

上達部、上人などもあいなく目を側めつつ、いとまばゆき人の御おぼえ

上達部、殿上人たちも気にくわない様子で（Aを）目をそむけていて、とても見ていられないほどのご寵愛ぶりで

なり。いとはしたなきこと多かれど、かたじけなき御心ばへのたぐひなき

ある。（Aは）非常に体裁が悪いことが多いけれども、もったいないほどの（Bの）ご愛情の類がないこと

を頼みにてまじらひたまふ。

を頼みとして、（ほかの方々の中に）混じってお仕えなさる。

登場人物

A **すぐれて時めきたまふ（人）**…後に光源氏の母となる桐壺更衣のこと。帝の寵愛を独占し、ほかの妻にねたまれている。

B **桐壺帝**…本文に直接登場していない。Aの夫である天皇。

□★★★ **あまた【数多】** 副
①たいして〈↓打消〉 ②たくさん

□★★★ **やむごとなし【止むごと無し】** 形ク
①高貴だ
②捨てては置けない

□★★ **きは【際】** 名
①身分 ②程度 ③辺り・端

□★★ **ときめく【時めく】** 動カ四
①寵愛を受ける
②時流に乗って栄える

□★★★ **めざまし【目覚まし】** 形シク
①興ざめだ・気にくわない
②思いのほか立派だ

□★★★ **あいなし【愛無し・合無し】** 形ク
①つまらない
②道理に合わない
③気にくわない

□ **そばむ【側む】** 動マ下二
①（「目をそばむ」の形で）（憎んで目を）そむける

❹ 解答・解説

問1（答 ⓐにょうご ⓑこうい）…中宮・女御・更衣は帝の妻。「現代仮名遣い」という指定があるので、「更衣」は「かうい」ではなく「こうい」と書くこと。

問2（答 例 **それほど高貴な身分ではないが、格別に帝の寵愛を受けた人がいたということ。**〔三六字〕）…「説明せよ」という問題なので、それぞれの単語の意味を正しく表し、省略されている主語や目的語は補足。文末は「〜ということ。」のような形で書くこと。「ときめく【時めく】」は「寵愛を受ける／時流に乗って栄える」の意。「たまふ」はハ行四段活用動詞「給ふ」の連体形で、直後に「人／女性／更衣」のような語が省略されているので、補足して説明する。

問3（答 **気にくわない者**）…「めざましき」はシク活用の形容詞「めざまし」（訳：興ざめだ・**気にくわない**／思いのほか立派だ）の連体形。帝のほかの奥方が桐壺更衣を目のかたきにしたことを指す。桐壺更衣は桐壺帝の寵愛を一身に受け、嫌がらせを受けるようになり、心労がたたってか、源氏が三歳のときに彼女は儚く亡くなってしまう。

□★★★ **はしたなし【端なし】** 形ク
①中途半端だ ②そっけない
③体裁が悪い

❶…この「にか」の後には、「ありけむ」などという結びの部分が省略されている（結びの省略）。

❷…謙譲語「さぶらひ」＋尊敬語「たまふ」の表現から、桐壺帝（B）や桐壺更衣（A）、その女御たちへの、多方面への敬意が読み取れる。

第17回 常識 COMMON SENSE

読解に活かす古文常識⑤

夢と現《うつつ》

古代人は、**夢と現実を表裏一体**のものとして、人々の信仰や行動と深く結び付けてきました。当時の人々の「夢」のとらえ方を知っておくと、古文の内容が理解できることがあります。

❶要点整理

①平安時代は、夢に見たことは実現する（夢＝予知夢である）と強く信じられていた。そのため、夢の意味や吉凶を占い（＝**夢占**《ゆめうら》）によって判断する「**夢解**《ゆめと》**き**」が盛んに行なわれた。

↓良い夢（吉夢《きちむ》）は、他人に知られなければ実現する。

↓悪い夢（凶夢《きょうむ》）でも、「**夢違へ**《ゆめちが》」という儀式（まじない）をすれば災難を回避できる。

②夢に現れるのは、**愛しい人**、**亡くなった人**、**神や仏**《ほとけ》がほとんどである。

・**愛しい人**↓夢を見た本人が相手を（または愛しい人が自分を）想っているため現れる。

・**亡くなった人**↓何か訴えたいことがあるため「幽霊」*1となって現れる。

・**神や仏**↓何か重要なお告げがあるため現れる。（仏教説話などに多い）

重要度
D
解答時間
10分
学習日
／

◆**補足説明**

＊1 現代では、幽霊は現実の世界に現れる(？)と考えられていますが、古代人は主に夢の中に現れる人を「幽霊」と考えていたようです。故人が夢の中**以外**で現れるのは、非常にレアなケースです。

❷ 問題演習

次の文章は『更級日記』の一節で、筆者の晩年の頃の様子を表したものである。これを読んで後の問いに答えよ。

※1天喜三年十月十三日の夜の夢に、ゐたる所の家《や》のつまの庭に、※2阿弥陀仏立ちたまへり。さだかには見えたまはず、霧ひとへ隔たれ ⓐる やうに、透きて見えたまふを、〈中略〉異人《ことひと》の目には、見つけたてまつらず、われ一人見たてまつるに、さすがにいみじくけおそろしければ、簾《すだれ》のもと近く寄りても □ 見たてまつら ⓑね ば、仏、「さは、このたびはかへりて、後に迎へに来む」とのたまふ声、わが耳ひとつに聞こえて、人は □ 聞きつけずと見るに、(1)うちおどろきたれば、十四日なり。(2)この夢ばかりぞ※3後の頼みとしける。

（更級日記）

（注）
※1 天喜三年…一〇五五年。夫が亡くなる2年ほど前の年。
※2 阿弥陀仏（あみだぼとけ）…極楽浄土にいて衆生を救済するとされる仏。念仏修行を行なう衆生は、死後に極楽浄土へ往生できるとされた。
※3 後《のち》の頼み…死後の極楽往生を信じる心の支え。

問1 二重傍線部ⓐ・ⓑを文法的に説明せよ。
問2 傍線部(1)を現代語訳せよ。
問3 空欄 □ に共通する一字の平仮名を挿入せよ。なお二箇所とも同じものが入る。
問4 傍線部(2)とあるが、どうしてこのように思ったのか。三五字以内で簡潔に説明せよ。

❸ 全文解釈

（■重要語／■助動詞／■接続助詞／■尊敬語／■謙譲語／■丁寧語）

天喜三年十月十三日の夜の夢に、ゐたる所の家のつまの庭に、阿弥陀仏 B

一〇五五年十月十三日の夜の夢に、（私が）住んでいる所の軒のはしの庭に、阿弥陀仏が

立ちたまへり。さだかには見えたまはず、霧ひとへ隔たれるやうに、透き

お立ちになっている。（Bは）はっきりとは見えなさらず、霧一重で隔たっているように、透け

て見えたまふを、〈中略〉異人の目には、見つけ❶たてまつらず、われ A 一人見たて

て見えなさるが、（私以外の）ほかの人の目には、見つけ申し上げることができず、私一人だけが拝見

まつるに、さすがにいみじくけおそろしければ、簾のもと近く寄りても

するのだが、とはいってもやはり❷非常に恐ろしいように感じられるので、簾の付近に寄っても

え見たてまつらねば、仏 B、「さは、このたびはかへりて、後に迎へに来む」

拝見することができないでいると、仏が、「それでは、今回は（一度）帰って、後（死後）に迎えに来よう」

とのたまふ声、わが耳ひとつに聞こえて、人はえ聞きつけずと見るに、

とおっしゃる声が、私の耳だけに聞こえて、（ほかの）人は聞きつけていないと見て思い、

うちおどろきたれば、十四日なり。この夢ばかりぞ後の頼みとしける。

はっと目が覚めたところ、（翌日）十四日である。この夢だけを極楽往生を信じる心の支えとしたのだった。

登場人物

A **私（筆者）**…『更級日記』の筆者、菅原孝標女。自分の見た夢は、きっと実現するものと信じている。

B **阿弥陀仏**…人が臨終の際に現れる、浄土に導く仏様。

□★★ **つま【端】** 名
①端 ②きっかけ ③軒のはし

□★★★ **さすがに** 副
①とはいってもやはり

□★★★ **え【得】** 副
①…できない〈↓打消〉

□ **うち-【打ち】** 接頭
※動詞の上に付き、下の動詞の意味を強めたり、語調を整えたりする。「ちょっと・ふと／すっかり／勢い良く」など文脈によって意訳する。

□★★★ **おどろく【驚く】** 動カ四
①はっと気づく
②目が覚める

❶…この「たてまつる」は、「お～する・（お）～申し上げる」と訳す謙譲の補助動詞。日記・

❹ 解答・解説

問1 （答 ⓐ**存続の助動詞「り」の連体形**　ⓑ**打消の助動詞「ず」の已然形**）

ⓐ…「る」の上の「隔たれ」はラ行四段活用動詞「隔たる」の**已然形**。完了の助動詞「り」は、サ変の未然形または**四段の已然形**に接続し、「ら－り－り－**る**－れ－れ」と活用する。「隔たる」は「隔たっている」という**状態**を表す動詞なので、この「る」は**存続**の意味で取る。

ⓑ…直前の「たてまつら」は、ラ行四段活用動詞「たてまつる【奉る】」の**未然形**。未然形に接続する「ね」[*1]は、**打消の助動詞「ず」の已然形**である。

問2 （答例 **はっと目が覚めたところ**）…傍線部(1)は「うち／おどろき／たれ／ば」と単語分けされる。「うち－」は強意の接頭語で、勢い良く「おどろく（訳：**目が覚める**）」という文脈なので、「**はっと**」のような解釈が適当。「たれ」は**完了**の助動詞「たり」の已然形。「ば」は接続助詞で、「已然形＋ば、」の形で「原因・理由（…ので、）」を表すことが多い。ただ、ここでは前後の文に因果関係はないので、「偶然（…した**ところ、**）」の用法で訳すのが適当。

問3 （答 **え**）…2箇所の空欄□の後にある「**ね**」と「**ず**」は、それぞれ打消の助動詞「ず」である点に注目。「**え**〈↓打消語〉」は「…できない」と訳す呼応の副詞。

問4 （答例 **極楽浄土にいる阿弥陀仏から、後に自分を迎えに来ると告げられたため。**〔三三字〕）

問題文の注釈にあるとおり、阿弥陀仏は極楽浄土にいる仏様。夢は実現するものであり、仏の言葉は「お告げ」であると信じられていた当時の常識から解答を導く。理由を説明する問題なので、文末を「**～ため。**／**～から。**」のように答えること。筆者が48歳の頃の、当時としては晩年の話なので、この夢はより感慨深く感じられたであろうと思われる。

随筆の地の文にある**謙譲語**は、主語が筆者（A）である場合が多いが、この「見つけ」の主語は「異人」であり、動作の受け手である阿弥陀仏（B）への敬意を表している。

❷…この「け【気】」は接頭語で、動詞や形容詞の上に付いて「…ように感じられる・なんとなく…だ」という意味を付け加える。

＊1「未然形＋**ね**ば、／**ね**ど、／**ね**ども、」の「**ね**」は打消の助動詞「ず」の已然形。一方、「**連用形＋ね**。」の「**ね**」は、完了の助動詞「ぬ」の命令形。

読解に活かす古文常識⑥

方違へと物忌み

重要度
C
解答時間
8分
学習日
／

1 要点整理

平安時代は、陰陽道*1などの俗信から、現代とは大きく異なる風習がありました。それら当時の常識を知っておくことで、古文の内容が理解しやすくなります。

【平安時代の風習】

① **方違《かたたが》へ**…行きたい方角が縁起の悪い方角である「**方塞《かたふた》がり***2」のとき、前日にほかの場所（**中宿《なかやど》り**）に泊まることによって進む方角を変えて、目的地まで行くこと。

※この「方違へ」を口実として、目当ての女性の家におもむき、あわよくば近づこうとする男たちもいた。

② **物忌《ものい》み**…陰陽道で日や方角が悪いとされるときに、一定期間、家に閉じこもって心身を慎むこと。このとき、「物忌」と書いた札を冠や簾にかけることもあった。

③ **庚申待《こうしんま》ち**…干支《えと》の「**庚申《かのえさる》**」にあたる日は縁起が悪い*3ので、一晩中寝ずに皆で催し事などを行なうこと。

補足説明

*1 陰陽道《おんみょうどう》…古代中国で成立した陰陽五行説を基盤とする、天文・暦などの知識を用いて吉凶・禍福を占う方術。日本で独自の発展をとげ、平安時代には全盛を極めた。陰陽道を修得した者を陰陽師《おんみょうじ》といい、安倍晴明《あべのせいめい》が有名。

*2 方塞がり…陰陽道で、行こうとする方角に天一神《なかがみ》や金《こん》神《じん》がいるため、行くことができないこと。行くと災難にあうとされた。

*3 庚申の日に寝ると、三尸《さんし》（＝人の体内にいる三匹の虫）が天に昇り、その人の罪科を天帝に告げるという道教の信仰による。

❷問題演習

次の文章は『和泉式部日記』の一節で、帰ろうとする恋人の帥《そち》の宮（敦《あつ》道《みち》親王）に対して、筆者が歌を詠む場面である。これを読んで後の問いに答えよ。

近う寄らせたまひて、「今宵はまかりなむ(a)よ。たれに忍びつるぞ※1と、見あらはさむとてなむ(b)。明日は物忌と言ひつれば、なからむ※2もあやしと思ひてなむ」とて帰らせたまへば①、

　こころみに雨も降らなむ(c)宿すぎて空行く月②の影やとまると

人の言ふほどよりもこめきて※3、あはれにおぼさる。

（和泉式部日記）

問1　二重傍線部(a)～(c)の品詞説明として正しいものを、以下の選択肢から一つずつ選べ。

(イ) 強意の係助詞　(ロ) 強意の助動詞＋推量（意志）の助動詞

(ハ) 願望の終助詞　(ニ) 動詞の活用語尾＋推量（意志）の助動詞

問2　傍線部①とあるが、なぜ帰ろうとしたのか。二〇字以内で説明せよ。

問3　傍線部②は何をたとえたものか。一〇字以内で説明せよ。

（注）

※1 たれに忍びつるぞ…（前夜の車（ほかの男）が）誰の所に忍んで来たのか、ほかの男が筆者のもとに通っているのではないかと、宮が疑っている。

※2 なからむのもあやし…私が自邸にいないのもおかしい。

※3 こめきて…無邪気な女で。

❸ 全文解釈

(■重要語/■助動詞/■接続助詞/■尊敬語/■謙譲語/■丁寧語)

近う寄らせたまひて、「今宵はまかりなむよ。たれに忍びつるぞと、

(AはBの❶)そばにお寄りになって、「今夜は帰ることにするよ。(ほかの男が)誰の所に**隠れ忍んで**来たのか、

見あらはさむとてなむ。明日は物忌と言ひつれば、なからむもあやしと

見抜こうと思って(来たのだ)。(**Aの家の者が❷**)明日は物忌みだと言ったので、(**Aが家に**)いないのも**不審だ**と

思ひてなむ」とて帰らせたまへば、

思って」とおっしゃってお帰りになるので、(私は歌を詠む)

こころみに雨も降らなむ宿すぎて空行く月の影やとまると

試しに雨でも降ってほしい。そうすれば(**私の**)家を去って行く月のようなあなたがおとどまりになるかと思って。

人の言ふほどよりもこめきて、あはれにおぼさる。

(**Bは**)人が噂しているよりも無邪気な女で、しみじみといじらしいとお思いになる。

登場人物

A **帥の宮(敦道親王)**…筆者のもとにいたが、物忌みなので自宅に帰ろうとしている。

B **和泉式部(筆者・私)**…Aが通っている女性。有名な歌人でもある。

★★★ **しのぶ【忍ぶ】** 動バ上二・バ四
①我慢する ②隠す・秘密にする ③隠れ忍ぶ

みあらはす【見顕す】 動サ四
①(隠れている物事を)見つけてあきらかにする・見抜く

★★★ **あやし【賤し・怪し】** 形シク
①不思議だ ②みすぼらしい ③身分が低い ④不審だ

❶…地の文の**尊敬語**の主語は、**高貴な人**。筆者から主体(動作をする人)への敬意を表す。よって、主語は帥の宮(A)とわかる。

❷…「明日は物忌と**言いつれば**」と敬語を使っていない点に注目。恋人に対しては敬語を使うのが一般的であり、1行目でも宮は筆者に対して「**まか**

❹解答・解説

問1 (答) (a)ロ **強意の助動詞＋推量（意志）の助動詞** (b)イ **強意の係助詞** (c)ハ **願望の終助詞**

(a)…「なむ」の識別問題。「まかり」は、ラ行四段活用動詞の謙譲語「まかる【罷る】」（訳：退出する）の**連用形**。連用形に接続する「なむ」は、**強意の助動詞「ぬ」の未然形（な）＋推量（意志）の助動詞「む」**（の終止形か連体形）である。

(b)…「なむ」の上は用言でなく接続助詞「て」なので、この「なむ」は助動詞ではない。そして、「なむ」の後には「来つる」などの言葉が省略されている（結びの省略）と考えられる。動詞の上に来る「なむ」は**強意の係助詞**。

(c)…「なむ」の上の「降ら」は、ラ行四段活用動詞「降る」の**未然形**。未然形に接続する「なむ」は、**他への願望**（…してほしい）を表す**終助詞**。

問2 (答) **物忌みの日は自邸にいないといけないため。**（一九字）

直前の会話文「明日は物忌みと言ひつれば」に注目。「物忌み」とは、縁起の悪い日に家に閉じこもって心身を慎む風習。物忌みの日には家にこもるのが常識であるため、女性宅に泊まることができず、帰らざるをえないということ。理由を説明する問題なので、文末は「～ため。／～から。」のような形で簡潔に答えること。

問3 (答) **帰ろうとする帥の宮**（九字）

「こころみに」の歌は、筆者から恋人である帥の宮に向かって詠まれたものであることに着目する。筆者の「宿」を通り過ぎて**帰ろうとする帥の宮**を、空をわたる月にたとえている。

「月・花・雪」*1は、いとしく思う人物にたとえられることが多い。

りなむよ」と謙譲語を使っている。この文には敬語が使用されていないことから、主語は、筆者（B）ではなく、「家の者」などの漠然とした第三者であるとわかる。

＊1 宵《よい》になると男が女のもとに通い、夜明け前に帰るという当時の風習。これは、宵に出て明け方に沈むという月の周期にとても似ている。そのため、恋人の男性を「月」にたとえる場合が多い。

読解に活かす古文常識⑦

病気・祈祷・出家・死

重要度 D
解答時間 9分
学習日 ／

1 要点整理

現在では病気の原因はウイルスや細菌などであると理解されているが、平安時代では「物《もの》の怪《け》」＊1が病の原因であることがあると信じられていた。「病への対処の仕方」が現代とは大きく異なるので、一連の流れを覚えておくと、話の展開が予想できるようになる。

【病気の流れ】

① 病気になる。→病名がはっきりしないときの原因は**物《もの》の怪《け》**。
※出産の苦しみも物の怪が関与しているとして考えられた。

② 仏道修行を積んだ行者《ぎょうじゃ》（＝**験者《げんざ》**）や僧侶らに**おはらい**（＝**加持祈祷《かぢきたう》**＊2）をしてもらう。
※験者を自邸に呼ぶ場合と、寺などに病人が自ら出向く場合がある。

③ 死後、極楽往生ができるように**出家**する場合もある。

④ 病は「治る」か「死ぬ」かのどちらかである。

⑤ 亡くなると、死後の法要＊3（＝**後《のち》の業《わざ》**）が行なわれる。

◆補足説明

＊1 物の怪…人にとりついて病気にしたり命を奪ったりする死霊・生き霊・妖怪の類。

＊2 加持祈祷…病気や災いをはらうために行なう儀式。神仏に事を告げ、手に印を結び、真言を唱えて祈るなどした。「寄りまし」と呼ばれる一時的に物の怪をうつす人を用意する場合もあった。「**業《わざ》**」「**修法《す(ず)ほふ》**」ともいう。

＊3 古代は、人が亡くなるということは（現代以上に）大きな喪失と悲しみであり、死後の法要が盛んに行なわれた。最も重要だったのが四十九日（＝**七七日の業**）と一周忌（＝**果ての業**）であった。

❷ 問題演習

次の文章は『源氏物語』の若紫の一節で、体調を崩した光源氏について書かれたものである。これを読んで後の問いに答えよ。

[※1]わらは病に(1)わづらひ給ひて、よろづにまじなひ・加持などまゐらせ給へど(2)しるしなくて、あまたたび起こり給ひければ、ある人、「北山[※2]になむ、某寺《なにがし》といふ所にかしこき行《おこな》ひ人 **A** 。去年《こぞ》の夏も世に起こりて、人々まじなひわづらひしを、(3)やがてとどむるたぐひあまた侍りき。ししこ[※3]らかしつる時はうたて侍るを、とくこそ試みさせ給は **B** 。」など聞こゆれば、召しにつかはしたるに、「老いかがまりて室《むろ》の外にもまかでず。」と申したれば、「いかがはせむ。いと忍びてものせむ。」とのたまひて、御供にむつましき、四《よたり》、五人《いつたり》ばかりして、まだ暁[※4]におはす。

（源氏物語）

問1　傍線部(1)・(2)を現代語訳せよ。

問2　**A** には「侍り」を、**B** には「む」を適当な形に直して入れなさい。

問3　傍線部(3)とあるが、どのようなことを言っているのか。三〇字以内で説明せよ。

（注）

※1 わらは病…間欠熱の一つ。「おこり【瘧】」とも言われた。毎日一定時間に発熱する病で、多くはマラリアを指す。

※2 北山…今の京都市北方にある山々の総称。

※3 ししこらかす…病気をこじらせるの意。

※4 暁（あかつき）…「夜明け」を意味する言葉。ここでは、まだ夜が明けきっておらず薄暗い様子。

❸ 全文解釈

（■重要語／■助動詞／■接続助詞／■尊敬語／■謙譲語／■丁寧語）

わらは病にわづらひ給ひて、よろづにまじなひ・加持などまゐらせ
（Aは）病気で苦しみなさって、色々とお祈り・加持祈祷などを奉仕させ

給へどしるしなくて、あまたたび起こり給ひければ、ある人、「北山に
なさったが効果が無くて、何度も発病しなさったので、ある人が、「（京の）北山に

なむ、某寺といふ所にかしこき行ひ人侍り。去年の夏も世に起こりて、
（ある）、❶何々寺という所にすぐれた修行者がおります。昨年の夏も世間に病気が流行って、

人々まじなひわづらひしを、やがてとどむるたぐひあまた侍りき。ししこ
人々が祈ったり病気になったりしたのを、すぐに（Cが❷）とどめるという例がたくさんありました。こじらせ

らかしつる時はうたて侍るを、とくこそ試みさせ給はめ。」など聞こゆ
たときはますますひどくなりますので、早くお試しください。」などと申し上げる

れば、召しにつかはしたるに、「老いかがまりて室の外にもまかでず。」と
ので、（Aが）呼びにおやりになったが、（Cは）「年を取って腰が曲がって室の外にも出ません。」と

申したれば、「いかがはせむ。いと忍びてものせむ。」とのたまひて、御供に
申し上げたところ、（Aは）「どうにも仕方がない。しっかり人目を避けて行こう。」とおっしゃって、お供には

むつましき、四、五人ばかりして、まだ暁におはす。
親しい、四、五人だけを連れて、まだ夜明け前においでになる。

登場人物

A 光源氏…物語の主人公。病気で苦しんでいる。

B ある人…光源氏の病気を心配し、すぐれた修行者Cを紹介する。

C かしこき行ひ人…お祈りにより病を治す力がある僧。

- □★ わづらふ《う》【煩ふ】動八四　①病気になる　②苦しむ・悩む
- □★★★ しるし【徴・験】名　①効果　②霊験　③兆し・前兆
- □ おこる【起こる】動ラ四　①始まる・新たに生ずる　②発病する
- □ おこなひ《い》びと【行ひ人】名　①修行僧・行者
- □★★★ やがて【軈て】副　①すぐに　②そのまま
- □★★★ うたて 副　①不快で　②ますます　③ますますひどく
- □★★ むつまし【睦まし】形シク　①親しい

❶…係助詞「なむ」の後に「ある」が省略されている（結びの省

❹ 解答・解説

問1（答例）**①苦しみなさって ②効果が無くて**）

①…「わづらひ」は「病気になる・苦しむ・悩む」と訳すハ行四段活用動詞「わづらふ【煩ふ】」の連用形。前に「わらは病に」とすでにあるので、「**苦しむ**」の訳が適当。「給ひ」はハ行四段活用動詞「給ふ」の尊敬の**補助動詞**の用法なので、「お～になる・～**なさる**」と訳す。「て」は「～（し）**て**」と訳す接続助詞「て」の単純接続の用法。

②…「しるし」は「**効果・霊験・兆し**」などと訳す名詞。「なく」はク活用の形容詞「なし【無し】」の連用形で、「（～が）無く」と打消の意味で訳す。「て」は「～（し）て」と訳す接続助詞「て」の単純接続の用法。

問2（答 **A侍り Bめ**）…「侍り」は、侍［ら―り―**り**―る―れ―れ］と活用するラ変動詞。Aは文末にあるので、終止形「**侍り**」が入る。Bは、上部に文末を**已然形**にする係助詞「こそ」があることに注意。助動詞「む」は［○―○―む―む―**め**―○］と四段型に活用するので、已然形「**め**」が正解。

問3（答例 **某寺の修行僧がすぐに病気を治した事例が多くあったということ。**〔三〇字〕）

「やがて」は「すぐに・そのまま」と訳す副詞。「とどむる」は「とどめる・止める」と訳すマ行下二段活用動詞「とどむ【止む】」の連体形。「たぐひ」は「例」と訳す名詞。「あまた」は「たくさん」と訳す副詞。当時は、病気になると僧が物の怪を加持祈祷によって調伏していたという古文常識を知っていれば答えやすい。

略）。係助詞の「なむ」は終助詞の「なむ」とは違い、文末に使われる用法はない。よって、係助詞「なむ」が文末にある場合は、直後に「ある・聞く・言ふ・詠む」などの語が省略されていると考えること。

❷…病をとどめる力をもったいるのは僧（C）であることから主語はCとわかる。

COLUMN 古文の名場面④

『落窪物語』〜男女それぞれ〜

Ⅰ　少将、帯刀に語らひたまふ。「口惜しう、かしこにはえ行くまじかめり。この雨よ」とのたまへば、

Ⅱ　夜さりは三日の夜なれば、「いかさまにせむ、今宵餅いかでまゐるわざもがな」と思ふに、またいふべきかたもなければ、

（『落窪物語』巻の一）

『落窪物語』とは平安時代中期頃に成立した継子いじめのお話です。Ⅰは落窪の君（女君）のもとに通おうとする少将（男君）が付き人の帯刀に「雨が激しくて行くことができないよ」と漏らしている場面であり、Ⅱは姫君の侍女の阿漕が、「三（み）日夜（かよ）の餅（もちひ）」の準備ができないと嘆いているシーンです。平安時代、男性が女性と夫婦関係を結ぶ際、男性が女性のもとに三日続けて通い、三日目に祝言（「所顕（ところあらはし）」）をあげます。その祝言は「三日夜の餅」の儀式を中心に行ないます。新郎新婦が三日目の夜にそろって餅を食すという儀式なんですね。古文に「身を知る雨」というロマンチックな言葉があります。雨を物ともせずやってきたとしたら、それは男性が女性を深く愛している確かな証拠になるという言葉です。逆に雨を嫌がってやってこないのは愛のない証拠ということになるのですね。大雨の中、男君は女君のもとを訪れます。ずぶぬれでやってきた少将を見て女君は愛の深さをしみじみと感じるのでした。阿漕の機転によりお餅の準備も整えることができ所顕は無事に終了するのです。

第5章

和歌の読解法

◆「和歌」という弱点を克服せよ！

「和歌《わか》」とは、日本固有の歌であることから「大和歌《やまとうた》」とも呼ばれ、詠み手が自分の気持ちを「五・七・五・七・七」の31音に凝縮したものです。あらゆる技巧を凝らして、一言一句に様々な言外の意味を込めて作られるので、一読しただけでその歌意を完全に読み取ることは極めて難しく、和歌の読解は古文最大の難所の一つであるといえます。

第5章では、和歌を読み取るための基本ポイントや攻略法を身につけます。近年の大学入試では和歌を含む題材の出題が増加傾向にありますので、ここで和歌への苦手意識を払拭していきましょう。

和歌の読解ポイント

重要度	解答時間	学習日
B	6分	／

「和歌《わか》」とは、詠み手が自分の気持ちを「五・七・五・七・七」の31音に凝縮したものです。これを読み解くのは簡単ではありませんが、以下①〜③を確認することが基本となります。

❶ 要点整理

【和歌読解の着眼点】

① **本文とのつながりはどうか**…和歌はまず、**本文とのつながり**をしっかり確認することが重要。また、歌が複数詠まれた場合は、必ず**双方のつながりを比較**することが大切。

② **歌のテーマは何か**…和歌のテーマは（目安として）次の三つに分けて考えること。

和歌の分類		内容
A **恋歌《れんか》（相聞歌《そうもんか》）**		主に男女の**恋愛**の歌。「**贈答歌《ぞうとうか》**」ともいう。＊1
B **哀傷歌《あいしょうか》（挽歌《ばんか》）**		人との**死別**・離別などを憂《うれ》う歌。
C **雑歌《ぞうか》**	**四季《しき》**	四季の歌。特に春と秋が多い。**季語《きご》**が含まれている。
	賀《が》	長寿などの**お祝い**の歌。
	雑《ぞう》	その他もろもろの歌。

❖テーマで分けて考えるようにすれば、内容が推測でき、誤訳をする危険性が低くなります。

③ **修辞《しゅうじ》・比喩《ひゆ》はあるか**…和歌には、**枕詞《まくらことば》・掛詞《かけことば》・序詞《じょことば》・縁語《えんご》**などの**修辞《しゅうじ》**＊2や、独特の**比喩《ひゆ》（見立て）**がよく使われる。これらの知識をつけ、和歌中で見抜くことが重要。

◆補足説明

＊1 男女だけでなく、親子・兄弟・親戚など、親しい者どうしがやりとりした歌も「相聞歌（贈答歌）」に含まれる。

＊2 **修辞**…言葉を美しく巧みに用いて効果的に表現すること。次の四つが重要。

①**枕詞**…ある語句を導くための前置きの言葉。鮮やかな「イメージ」を添える働きをするが、特に訳す必要はない。

②**掛詞**…一つの言葉に二つの意味を兼ねる技巧（いわゆる同音異義語のシャレ）。

③**序詞**…ある言葉を導き出すためにその前に置かれる、六音以上の「たとえの部分」のこと。

④**縁語**…和歌の中で、中心となる語から連想される語を意識的にほかの箇所に使用する技法。

※和歌の修辞法の詳細は本シリーズ「レベル①」を参照。

❷ 問題演習

次の文章は『伊勢物語』第五段「関守」の一節である。これを読んで次の問いに答えよ。

昔、男ありけり。※1東の五条わたりに、いと忍びて行きけり。※2密かなる所なれば、門《かど》よりもえ入らで、童べの踏みあけたる※3築地のくづれ(a)より通ひけり。人しげくもあらねど、たび重なりければ、※4あるじ聞きつけて、その通ひ路に、夜ごとに人を(b)据ゑて守らせければ、(1)行けどもえ逢はで帰りけり。さてよめる。

人知れぬ　わが通ひ路の　(c)関守は　よひよひごとに　(2)うちも寝《ね》ななむ

とよめりければ、いといたう心やみけり。あるじ許してけり。

（伊勢物語）

問1　二重傍線部(a)「より」の意味として適当なものを後の㋑～㋭の中から選べ。

㋑ 起点　㋺ 比較　㋩ 経由　㋥ 手段・方法　㋭ 原因

問2　傍線部(1)・(2)を現代語訳せよ。

問3　二重傍線部(b)について文法的に説明せよ。

問4　二重傍線部(c)を示す語を本文の中から1語で抜き出せ。

（注）
※1 東の五条わたりに…京の東の五条のあたりに住んでいる女の所。
※2 密（みそ）かなる所なれば…人目を忍んでひそかに通う所なので。
※3 築地のくづれ…土塀の低くなった所。
※4 あるじ…この家の主人。女の父親。

❸ 全文解釈

（重要語／助動詞／接続助詞／尊敬語／謙譲語／丁寧語）

昔、男ありけり。東の五条わたりに、いと忍びて行きけり。密かなる所なれば、門よりもえ入らで、童べの踏みあけたる築地のくづれより通ひけり。人しげくもあらねど、たび重なりければ、あるじ聞きつけて、その通ひ路に、夜ごとに人を据ゑて守らせければ、行けどもえ逢はで帰りけり。さてよめる。

人知れぬわが通ひ路の関守はよひよひごとにうちも寝ななむ

とよめりければ、いといたう心やみけり。あるじ許してけり。

昔、（ある）男がいた。京の東の五条あたり（＝Cの所）に、大変**秘密にして**通っていた。（Cの屋敷は）人目を忍んでひそかに通う所なので〈原因〉、門を通って入ることも**できず**〈経由〉、子供らが踏み開けた土塀の低くなった所を通っていた❶〈経由〉〈主格〉。人目が多いわけではないが、（通いが）度重なったので、（女の親である）主人が聞きつけて、その通い路に、夜ごとに人を置いて、見守らせたので、（Aは）行っても**逢えない**で帰ったのだった。**そこで**読んだ歌。

人に知られぬようこっそり通うわが通い路の関守は、夜ごとにぐっすり寝てしまってほしい❷❸〈他願〉。

と詠んだので〈原因〉、（Cは）大変**ひどく**心を痛めたのだった。（その様子を見て）主人も会うことを許したのだった。

登場人物

- A **男**…東の五条に住む女のもとに通っている。
- B **あるじ**…Cの親で屋敷の主人。
- C **女**…東の五条に住んでいる。Aに想いを寄せている。
- D **人**…門番をする使用人。

□★★★ **しのぶ【忍ぶ】** 動バ上二・バ四
①我慢する
②隠す・秘密にする
③隠れ忍ぶ

□★★★ **え【得】** 副
①…できない〈↓打消〉

□★★★ **さて** 副／接
①そのまま
②そこで・さて

□★★★ **いたく【甚く】** 副
①ひどく・はなはだしく
②たいして・それほど〈↓打消〉

❶…格助詞「より」の五つの用法は、**文脈**で訳し分けること。
①起点（〜から）
②**経由**（〜を通って）
③方法・手段（〜で）
④比較（〜よりも）
⑤即時（〜するやいなや）

❹ 解答・解説

問1（答 ハ 経由）…人目を忍ぶ恋であるため、男は、門からではなく、女の家の土塀の低くなっている場所を**経由**してひっそりと通ったと文脈から判断すること。

問2（答 (1)**行っても逢えないで帰ったのだった** (2)**寝てしまってほしい**）

(1)…「行け／ども／え／逢は／で／帰り／けり」と単語分けされる。接続助詞「ども」は逆説の確定条件で「…だが・…だけれども」などと訳す。「え」は「で」などの打消語と呼応する副詞で、「**え…打消語**」は**不可能**（…できない）を表す。

(2)…「寝／な／なむ」と単語分けされる。「寝」は、［ね―**ね**―ぬ―ぬる―ぬれ―ねよ］と活用するナ行下二段活用動詞「寝《ぬ》」の**連用形**。その下の「な」は**連用形**に接続する完了の助動詞「ぬ」の**未然形**であると考えられる（助動詞「ぬ」の活用は［**な**―に―ぬ―ぬる―ぬれ―ね］）。**未然形**に接続する「なむ」は、「**…してほしい**」と訳す他への願望の終助詞である。総合的な文法知識を要する問題。

問3（答 **ワ行下二段活用動詞「据う」の連用形**）…ワ行下二段活用の動詞は「飢《う》う・植《う》う・**据《す》う**」の三つしかないので、暗記しておくこと。

問4（答 **人**）…「関守《せきもり》」とは関所の番人の意。本文の場合、娘に男が近づかないようにするための見張りのこと。本文とのつながりを見ながら読解すると、「あるじ」が実際に見張りをしているわけではないので、4行目の「**人**」が正解。この「人知れぬ…」の歌には**季語**はなく、男が忍んで通う女に詠んだ歌なので、**相聞歌**（贈答歌）であり、「関守」は**比喩**（見立て）であることをおさえる。

---

❷…連用形接続の「な」（＝完了の助動詞「ぬ」の未然形）は、推量の助動詞が後に付くときには**強意**、それ以外は**完了**の意味で取る。

❸…付属語の「なむ」は、**未然形**接続の場合は他への願望（…してほしい）の終助詞。**連用形**接続の場合は強意の助動詞「ぬ」の未然形（な）＋推量の助動詞「む」。

●豆知識

親が見張りを立てたために女のもとに自由に通えなくなった男は、その見張りのことを関所の番人である「関守」にたとえたのですね。このことから恋路の邪魔をする人を「恋の関守」と言うようになりました。ちなみに、「川」が岸と岸を隔てるところから、男女の離別を指す場合もあります。

第21回 演習 EXERCISE

和歌の読解②
比喩を見抜く

❶ 要点整理

和歌には、枕詞・掛詞・序詞・縁語などといった和歌の**修辞**だけでなく、**比喩**《ひゆ》**（見立**《みた》**て）**＊1という**独特の婉曲的な言い回し**が含まれていることもあります。この比喩を見抜くことができれば、和歌の内容がより深く理解できるようになります。よく使われる比喩を覚えておきましょう。

【主な比喩（見立て）】

① **雪**＝儚い思い出・別れた愛しい人 など
② **月**＝愛しい人・懐かしい思い出 など
③ **花**＝愛しい人（主に女性）・儚い命・恋心 など
④ **露**＝儚い命・涙・愛情 など
⑤ **煙**＝死（火葬より）・恋心・熱意・儚さ・生活（炊飯より）など

※右記の五つ以外にも比喩は数多く存在します。また、比喩は「縁語」などと共に使われることも多いので要注意。

重要度 C
解答時間 6分
学習日 ／

◆補足説明

＊1 **比喩**とは、ある物事を別の物事にたとえる表現。**見立て**とは、あるものをそれと似た別のもので示すこと。

❷問題演習

次の文章は『大鏡』の一節で、右大臣である菅原道真が醍醐帝の怒りによって筑紫（現在の福岡県）に左遷されることになった場面である。これを読んで後の問いに答えよ。

[※1]帝の御掟《おきて》、きはめてあやにくにおはしませば、[※2]この御子どもを、同じ方に遣《つか》はさざりけり。[※3]方方にいと悲しく思し召して、御前の梅の花を御覧じて、

東風《こち》吹かば にほひおこせよ 梅の花 あるじなしとて (1)春な忘れそ

かくて筑紫におはしつきて、ものをあはれに心ぼそく思さるる夕《ゆふべ》、遠方《をちかた》に所々煙立つをご覧じて、

(2)夕されば 野にも山にも 立つ(3)煙 なげきよりこそ 燃えまさりけれ

（大鏡　※一部省略）

問1　傍線部(1)・(2)を現代語訳せよ。

問2　二重傍線部(3)「煙」は何のたとえか。次の選択肢から一つ選べ。

①帝の厳しい御処置　②道真のこの上ない怒り　③道真のやるせない思い

④梅の花の儚い香り　⑤故郷に戻るための熱意

問3　「夕されば」の歌の中の掛詞について簡潔に説明せよ。

（注）

※1 帝の御掟…醍醐天皇の御処置。

※2 この御子ども…菅原道真の子供たち。

※3 方方（かたがた）に…あれやこれやと。

❸ 全文解釈

（■重要語／■助動詞／■接続助詞／■尊敬語／■謙譲語／■丁寧語）

帝の御掟、きはめてあやにくにおはしませば、この御子どもを、同じ方に

醍醐天皇の御処置が、非常に**無慈悲で**いらっしゃったので、〈補〉このご子息たちを、（Cと）同じ場所に

遣はさざりけり。方方にいと悲しく思し召して、御前の梅の花を御覧じて、

お流しにならなかった。（Cは❶）あれやこれやと大変**悲しく**お思いになって、お庭先の梅の花をご覧になって、

東風吹かば にほひおこせよ 梅の花 あるじなしとて 春な忘れそ

（春になり）東の風が吹いたならば、〈仮定〉その香りを送っておくれ、〈見立て〉梅の花よ。主人がいなくても、❷春を忘れてくれるな。

かくて筑紫におはしつきて、ものをあはれに心ぼそく思さるる夕、遠方

こうして（Cは）筑紫にお着きになって、何かと**しみじみと**心細くお思いになる夕方、遠くの方

に所々煙立つを御覧じて、

からあちこちに煙が立つのをご覧になって、

夕されば 野にも山にも 立つ煙 なげきよりこそ 燃えまさりけれ

夕方になると〈偶然〉❸野にも山にも立つ煙。（その煙が）私の嘆き（投げ木）〈方法〉で一層激しく燃えまさっているよ。

登場人物

A 帝…醍醐天皇。
B 御子ども…Cのご子息。
C あるじ…菅原道真（道真公）。

□ **あやにくなり**【あや憎なり】形動ナリ
①意地が悪い ②あいにくだ ③無慈悲だ

□ **かなし**【愛し・悲し】形シク
①かわいい・愛しい ②悲しい・かわいそうだ

□ **あは《わ》れなり** 形動ナリ
①しみじみと…だ ②気の毒だ ③趣深い

□ **ゆふさる**【夕さる】動ラ四
①夕方になる

❶…この文は「悲しく**思し召し**」と最高敬語が用いられているが、文脈から主語は帝ではなくCである。道真公も右大臣で身分が高いため、ここでは最高敬語が用いられている。

❷…「な」は禁止を表す呼応の副詞、「そ」は禁止の終助詞で、「な…そ」のセットで「…してくれるな」という、「お願い」の気持ちの入ったやわらかい禁止を表す。

❹ 解答・解説

問1（答）(1)忘れてくれるな　(2)夕方になると）

(1)…「な…そ」は「**…してくれるな**」と訳す禁止用法。「な…そ」の間には、ふつう動詞の連用形が入るが、カ変（来）・サ変（す・おはす）の場合は未然形が入るので注意。

(2)…「夕さる」は「夕方になる」という意味の重要動詞。**「已然形＋ば、」**は、**順接の確定条件**を表す。ふつうは**原因・理由（…ので）**の意味で使われることが多いが、夕方になったことが原因で煙が立つわけではないので、ここでは文脈から**偶然**（**…すると**）の意味で訳す方が適切。

問2（答 ③ **道真のやるせない思い**）…「煙」は、死・恋心・熱意・儚さなど、様々なもののたとえになる。前文[4]に道真公が「ものをあはれに心ぼそく思さるる」とあるため、「怒り」や「熱意」ではなく、儚く「やるせない思い」を「煙」にたとえたと考えるのが適切。

問3（答 **「なげき」に「投げ木」と「嘆き」が掛けられている。**）…掛詞とは、一つの言葉に二つの意味を兼ねる技巧（いわゆる同音異義語のシャレ）。「平仮名」の1語に複数の意味を掛け、片方は自然に関する意味、もう片方は人事に関する意味という場合が多い。ここでは、「なげき」に注目。左遷された「嘆き」と煙にくべる「投げ木」が掛けられていることに気づくこと。自分の「嘆き（＝投げ木）」によって、煙を立てる炎がより一層燃えまさっているというようにイメージすること。

---

❸…接続助詞「ば」の用法は二つ。
①「**未＋ば、**」→順接の仮定条件（（もし）…ならば、）
②「**已＋ば、**」→順接の確定条件
(a)原因・理由（…ので）
(b)偶然・必然（…すると）

●豆知識

「東風吹かば」の歌の「梅」と「東風」は春の季語。「夕されば」の歌の「煙」は比喩（見立て）です。双方とも恋歌や挽歌ではなく、四季を賛美したものでもありません。

妻子や友人に別れを告げられず、自邸の梅の花に別れを告げているのが悲しいですね。京都の北野天満宮の御神木である梅は一夜にして配所の道真のもとに飛んでやってきたと伝えられています。これは「**飛梅**《とびうめ》」と呼ばれて語り継がれてきた伝説です。

第22回 演習 EXERCISE

和歌の読解③

相聞歌（贈答歌）の攻略法

平安時代の人々は、心を通わす手段として和歌を用いました。男が女に**相聞歌**[*1]**（贈答歌）**を送って交際を申し込んだり、離れて暮らす恋人どうしが和歌を詠み合って連絡を取ったりしたのです。もちろん同性どうしが和歌でやりとりをすることもありました。ここでは、和歌をどのように理解して読解すればよいかという実戦的なアプローチをしてみたいと思います。

❶ 要点整理

【相聞歌（贈答歌）の常識】

①**最初は男から女に詠む**…通常、最初は**男から女**に歌を詠む（ただし例外もある）。なお、本人が読まず、周囲の達者な人に和歌を詠んでもらうケースや、**最初は本人以外の人に詠んでもらい、交際がある程度続くと、本人が詠む**というケースもあった。

②**初夜の後、男が女に手紙を送る**…初夜の後の明け方、男は帰る途中（または自宅に戻ってすぐ）に「**後朝《きぬぎぬ》の文《ふみ》**」という手紙を女に送った（☞70頁）。これが交際のエチケットであった。

③**共通・関連する語句が多い**…男女が詠み合う相聞歌（贈答歌）では、互いの和歌に共通して使用される語が多く、特に**修辞**や**比喩**の部分に特別な意味を込めることが多いので注意。

重要度
C
解答時間
6分
学習日
／

◆補足説明

＊1　相聞歌と贈答歌はほぼ同じ意味で使われるが、相聞歌の方が少しだけ男女の関係を表すニュアンスが強いと言われる。

❷ 問題演習

次の文章は『平中物語』二五段の一節で、旅先で女の一行と出会った男（平中）が、その女と歌を詠みかわす場面である。これを読んで後の問いに答えよ。

この男、うちつけながらも、立つこと惜しかりければ、かうぞ。※1

Ⅰ　立ちてゆく行方も知らずかくのみぞ道の空にてまどふべらなる※2

女、返し

Ⅱ　かくのみし行方まどはば我が魂(a)をたぐへ※3やせまし道のしるべに

また、(1)返しせむとするほどに、男女の供なる者ども、(2)「夜明けぬべし」と言ひければ、立ちとどまらで、この男、浜辺の方《かた》に、人の家に入りにけり。

（平中物語）

問1　二重傍線部(a)の読みを答えよ。

問2　傍線部(1)・(2)を現代語訳せよ。

問3　男（平中）はⅠの歌において「別れがつらくて道の途中で迷ってしまいそうだ」ということを女に告げているが、その歌を受けて女はⅡの歌でどのように答えているか。簡潔に三〇字以内で答えよ。

（注）

※1　かうぞ…このように（歌を詠んだ）という意味。

※2　べらなる…平安初期のみに用いられる推量の助動詞「べらなり」の連体形。

※3　たぐへ…八行四段活用動詞「たぐふ【類ふ】」の已然形。「連れ添わせる」などと訳す。

❸ 全文解釈

（■重要語／■助動詞／■接続助詞／■尊敬語／■謙譲語／■丁寧語）

A この男、❶うちつけながらも、（Bと別れて）立つこと惜しかりければ、かうぞ。

この男は、突然の思いつきながらも、（Bと別れて）旅立つのが惜しかったので、〈原因〉このように（歌を詠んだ）。

I 立ちてゆく行方も知らずかくのみぞ❷道の空にてまどふべらなる

旅立って行く先もわからない。このように道の途中で心もうわの空になって迷うだろう。

B 女、返し、

女が、返歌をし、

II かくのみし行方まどはば❸我が魂をたぐへやせまし❹道のしるべに

このようにして（あなたが）行く先に迷うならば、〈仮定〉私の魂を連れ添わせようかしら。道案内に（なるように）。

（Aが）また、返しせむとするほどに、C 男女の供なる者ども、「❺夜明けぬべし」

（Aが）また、返歌をしようとするうちに、男と女両方のお供の人たちが、「きっと夜が明けるだろう」

と言ひければ、（Aは）立ちとどまらで、この男、浜辺の方に、人の家に入りにけり。

と言ったので、〈原因〉（Aは）立ち止まらず、この男は、（方違へのため）浜辺の方に、人の家に入ってしまった。

登場人物

A **この男**…平中（平貞文）。旅立つことを決断したが、Bと別れがたく、和歌を詠む。

B **女**…Aに返歌し心中を詠む。

C **男女の供なる者ども**…A、B両方の供の人たち。それぞれの供人。

★★ **かく【斯く】** 副
①このように
※ウ音便化したのが「かう」

★★ **まどふ【惑ふ・迷ふ】** 動八四
①迷う・心が乱れる
②ひどく…する〈補動〉

★★ **たぐふ【比ふ・類ふ】** 動八下二
①連れ添わせる

❶…「うちつけ」は「突然だ」という意味の形容動詞「うちつけなり」が名詞化したもの。男（A）が突然女（B）との別れを決めたものの、その別れを惜しんでいる、という場面。

❷…「道の空」に「道の中途」の意味と「心がうわの空だ」の意味を掛けている。

❸…未然形＋「ば」は仮定の意味

❹ 解答・解説

問1（答 **たま**）…「魂」は「たましひ」または「たま」と読む。和歌は「五・七・五・七・七」のリズムで詠まれ、二重傍線部(a)は第三句にあることから、三句全体（我《わ》が魂）で**五音**にする必要がある。よって、「たましひ」ではなく「**たま**」と2文字で読むのが正解。

問2（答例 (1)**返事［返歌］をしよう** (2)**きっと夜が明けるだろう／今にも夜が明けそうだ**）

(1)…「返し／せ／む」と単語分けされる。「返し」は返事・返歌の意。「せ」はサ変動詞「す」の未然形。「む」は助動詞「む」の終止形。下に「と思ふ（≒とす）／とて」などがある場合は**意志**（…しよう）の意味になる。

(2)…「夜／明け／ぬ／べし」と単語分けされる。「ぬ」は強意の助動詞「ぬ」の終止形で、「べし」は推量の助動詞「べし」の終止形。誤って「明け」を未然形とし、「ぬ」を打消の意味で取らないよう注意する。「ぬべし」の形で「**きっと…だろう**」と訳す。この場面では、「もう夜が明けるだろうから帰らないといけませんよ」といった意味合いの発言である。

問3（答 **道に迷ってしまうなら、私の魂を道案内につけようと答えている。**（三〇字））

Ⅱの歌の内容を簡潔にまとめて書けばよい。「たぐへ／や／せ／まし」の「たぐへ」は「連れ添わせる」などと訳すハ行下二段活用動詞「たぐふ【比ふ・類ふ】」の連用形。疑問の係助詞「や」は数々の語に接続するが、活用語に付く場合は「連用形か連体形」に接続する。

でとり、「…ならば」と訳す。

❹…助動詞「まし」には、次の三つの意味がある。
①反実仮想
②ためらい
③実現不可能な希望
判別の基準としては、「まし」の上に「未然形＋ば」があるときは①、上に「いかに・や・何」といった疑問を表す表現があるときは②、それ以外は③と考える。

❺…「**つ**べし／**ぬ**べし」という形の「**つ・ぬ**」は、**完了**ではなく**強意**（きっと…（だろう））の意味になる。

●豆知識

『平中物語』の主人公は在原業平と色好みの双璧と呼ばれる平貞文が主人公です。モテ男なのですが、内向的で失恋ばかりしている男の話なのですね。一緒に旅を続けることができないなら、私の魂を連れ添わせようかしらという返歌には、非常に魅力を感じます。

COLUMN 古文の名場面⑤

『大鏡』～鶯宿梅～

勅《ちょく》なれば いともかしこし 鶯《うぐひす》の 宿はととはば いかが答へむ

（大鏡）

【訳】天皇のご命令ならば、たいそう恐れ多い（のでこの梅の木は差し上げますが）。（この梅の木にやってくる）鶯が私の宿はどうしたのかと尋ねたら、（私は）どのように答えましょうか。

天皇のいらっしゃる清涼殿の前の梅の木が枯れてしまったので、代わりになる立派な梅の木を探すことになりました。天皇の御座所にふさわしい梅ですから、なかなか見つからなかったのですが、右京のある邸宅で、非常に良い梅の木が見つかりました。「勅命である」ということで、使者たちが強引にその木をもっていこうとすると、家の主人（紀貫之の娘）が一通の手紙を送ります。その手紙に記されていたのが、この歌なのです。

梅の木を失う戸惑いと悲しみを直接伝えると、自分が天皇の勅命に反することになってしまう。そこで、その気持ちを鶯に仮託《かたく》して表現したわけですね。さすがの帝も、宿を失ったかわいそうな鶯を罰することはできません。機知に富んだ婉曲的な言い回しで、天皇を怒らせずに自らの気持ちを伝える。風流心にあふれた見事な一首であると思います。

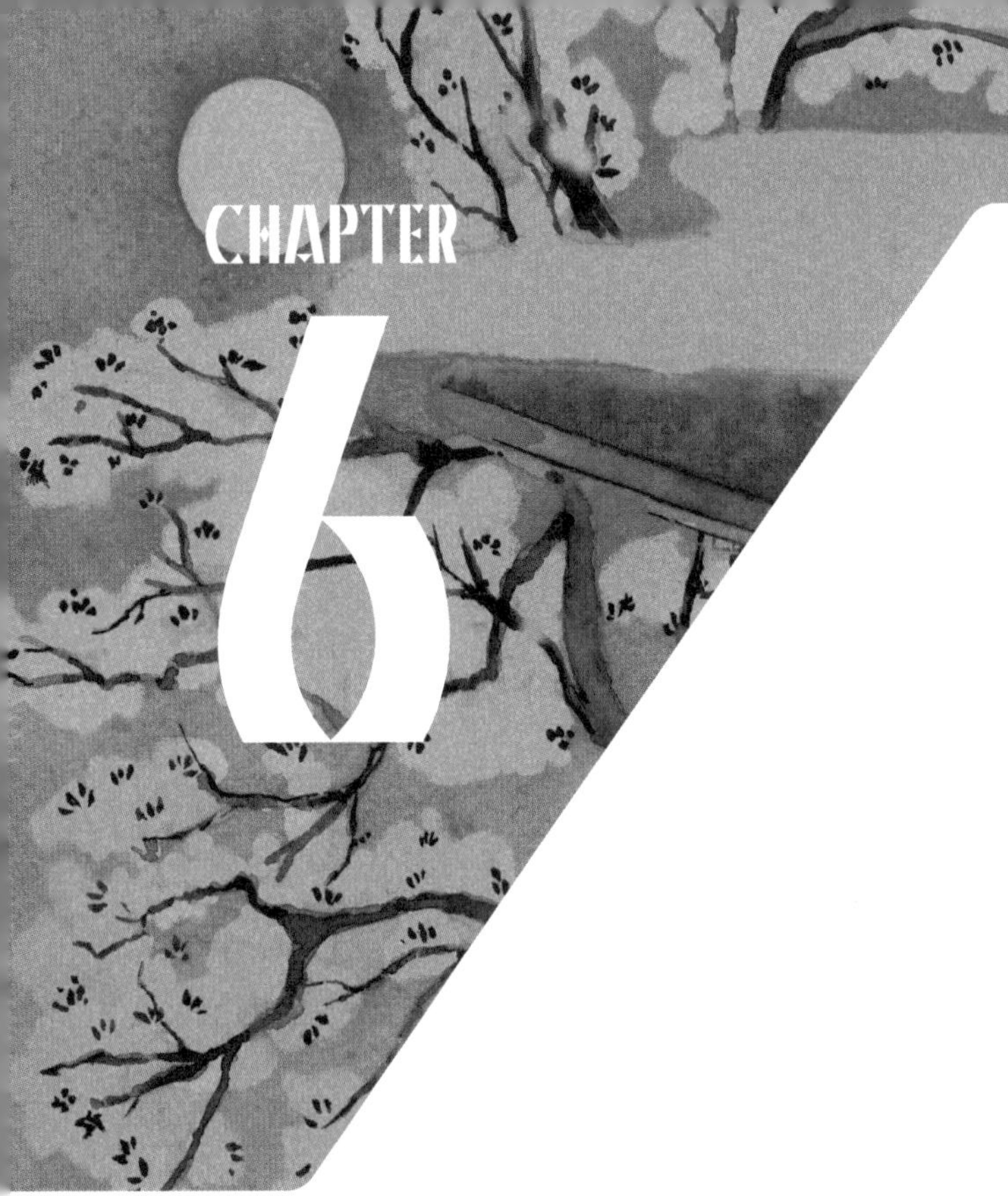

CHAPTER 6

第6章

ジャンル別の読解法

◆作品のジャンルで異なる読解法

古典作品には様々な内容のものがありますが、大きく分けると、「説話／物語／日記／随筆（評論）」という4つのジャンルに大別することができます。そして、ジャンルごとに内容の特徴が異なるため、その読解法も違ってくるというわけです。

最後の第6章では、各ジャンル別の読解法をマスターします。この読解法に、これまで身につけた主語を補足するための基礎技術・敬語・文法・常識などの知識をクロスオーバーさせることで、すばやく正確に古文を理解する読解力が完成します。各ジャンルの頻出作品やその出題割合などもランキング形式で紹介しますので、学習の参考にしてください。

第23回 演習 EXERCISE

ジャンル別の読解法①

「説話」の読解

重要度 A

解答時間 10分

学習日 ／

1 要点整理

伝説や昔話、世間話などは、古来より人づてに**口頭**《こうとう》で伝えられてきました。それを文字化したものを「**説話**《せつわ》」といいます。作り話ではない、リアルな「ドキュメンタリー」であるともいえます。

説話は、一般的・世俗的な内容を題材にした**世俗説話**《せぞく》と、仏教的な教訓を題材にした**仏教説話**に二大別されます。主な説話を次頁の表にまとめました。「世俗説話・仏教説話のどちらなのか」だけでも覚えておくと、内容理解の一助(目安)となります。

【「説話」の読解法】

① 長編の「物語」とは違い、主に短編の「一話完結型」である。

② ほぼ「**今は昔／昔／中頃／近頃**」で始まる。

③ 人から伝え聞いた昔話なので、文末には伝聞過去の助動詞「けり」がよく使われる。

④ 話の最後に「**まとめ**」や「**教訓**」をあげることが多いので、**章末のまとめ部分を最初にチェック**し、話の展開を予測しながら読解すること。

※「～となむ語り伝へたるとや」などで締めくくる形式が多い。

●大学入試の分析結果

この『古文レベル別問題集』シリーズ制作にあたり、かつてない規模での大学入試問題分析を行ないました。

旧七帝大をはじめとする国公立大・早慶上智・明青立法中・関関同立といった**主要28大学・計277学部**の入試**各10年分**を対象に、出題された**約1000回分**(複数学部共通問題の場合は「1回」と計算)の古文入試問題を分析・集計。出典(作品)・文法・単語などの出題回数をデータベースにまとめました。

次頁の「頻出ランキング」や「出題割合(円グラフ)」は、その統計データにもとづいた、極めて客観的・実際的な情報になっています。

【「説話」頻出ランキングベスト10】

※大学入試問題約1000回分を集計。★印は頻出度（多いほど頻出）

順位	作品名	作者・著者	成立	種類	概要
★★★ 1	今昔物語集《こんじゃくものがたりしゅう》	未詳	平安	世俗	千余りの説話から成り、天竺（インド）・震旦（中国）・本朝（日本）の三部門に分かれている。ほとんどの話が「**今は昔**」で始まっているので、説話であることに気づきやすい。
★★★ 2	十訓抄《じっきんしょう》	未詳	鎌倉	世俗	約280話の世俗説話を十編に分類して掲載している。インド・中国・日本の説話の中から教訓的なものが集めてある。
★★★ 3	宇治拾遺物語《うじしゅういものがたり》	未詳	鎌倉	世俗	仏教説話を80話、世俗説話を120話ほど掲載。全体として教訓性・啓蒙性は薄く、破戒僧、盗賊、「こぶ取り爺さん」の話など、笑いやおかしみにまつわる庶民的な説話が多い。
★★★ 4	沙石集《しゃせきしゅう》	無住《むじゅう》	鎌倉	**仏教**	鎌倉時代の仏教説話集。庶民を仏教に帰依させる方便として約120編の説話を集めたもので、十巻からなる。仏教の教理をわかりやすく説く仏教説話、和歌説話、笑話など、内容は多彩を極める。
★★★ 5	発心集《ほっしんしゅう》	鴨長明《かものちょうめい》	鎌倉	**仏教**	『**方丈記**』の鴨長明が著した仏教説話集。仏道に入って俗世への執着を絶ったり、極楽往生を願うといった話が多い。各話には作者である鴨長明の感想（仏教的無常観）が付け加えられている。
★★ 6	古今著聞集《ここんちょもんじゅう》	橘《たちばなの》 成季《なりすえ》	鎌倉	世俗	約700話の世俗説話が年代順に収められてある。平安貴族社会に対する強い憧憬の念が見られる。『今昔物語集』、『宇治拾遺物語』、そしてこの作品が「三大説話」とされる。
★ 7	古本《こほん》説話集	未詳	平安	世俗	上巻には和歌に関する世俗説話、下巻には仏教説話を収めている。入試には、歌徳説話（「和歌を上手に詠めば願いがかなう」「和歌は奇跡を起こす」などの話）が出題されやすい。
★ 8	閑居友《かんきょのとも》	慶政上人《けいせいしょうにん》？	鎌倉	**仏教**	仏教説話集。作者自身の感想が色濃く表れている点が特異である。平家滅亡後の関係者の話（特に女性の説話）が頻出する。
★ 9	今物語《いまものがたり》	藤原信実《ふじわらののぶざね》	鎌倉	世俗	短い説話（小話）五三編からなる。和歌を中心とした「みやび」の世界を織りなす逸話や、貴族社会の裏話や失敗談などの世俗説話が収録されている。
10	御伽草子《おとぎぞうし》	未詳	室町	世俗	教養の高くない人々のための絵入りのわかりやすい短編物語。童話・空想話・教訓話などがその主な内容。

◉「説話」の出題割合

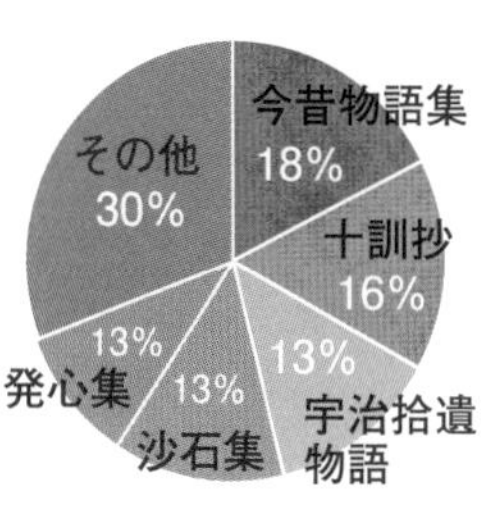

大学入試問題約1000回分を集計したところ、全体の約19%が「説話」からの出題であった。そして、右の円グラフのとおり、説話のうち約7割は上表のトップ5から出題されている。この5作品の「概要」だけでもしっかりおさえておくとよい。

❷ 問題演習

次の文章を読んで後の問いに答えよ。（日本大学）

今は昔、遣唐使にて唐[※1]に渡りける人の、十ばかりなる子を、え見で［X］かりければ、具《ぐ》して渡りぬ。さて過《すぐ》しける程に、雪の高く降りたりける日、(1)ありきもせでゐたりけるに、この児の遊びに出でていぬるが、遅く帰りければ、あやしと思ひて出でて見れば、足形《あしがた》、後ろの方《かた》から踏みて行きたるにそひて、大きなる犬の足形ありて、それよりこの児の足形見えず。山ざまに行きたるを見て、「これは虎の食ひていきけるなめり」と思ふに、せんかたなく悲しくて、太刀を抜きて、足形を尋ねて山の方に行きて見れば、岩屋の口に、この児を食ひ殺して、腹をねぶりて臥せり。太刀を持ちて走り寄れば、え逃げていかで、かいかがまりてゐたるを太刀にて頭を打てば、鯉の頭《かしら》を割るやうに割れぬ。次にまた、そばざまに食はんとて走り寄る背中を打てば、背骨をうち切りてくたくたとなしつ。さて、子をば死なせたれども、脇にかい挟《はさ》みて家に帰りたれば、その国の[※2]

（注）
※1 唐（もろこし）…中国の王朝（618～907年）。皇帝のご治世の時代。
※2 その国の人々…中国の人民。

人々、見ておぢあさむこと限りなし。

唐の人は、虎にあひて逃ぐる事だに難《かた》きに、かく虎をばうち殺して、子を取り返して来たれば、唐の人は、いみじき事にいひて、「なほ日本の国には兵《つはもの》の方はならびなき国なり」とめでけれど、子死にければ(2)何にかはせん。

（宇治拾遺物語）

問1　波線部(1)・(2)の分脈上の意味として、最も適当なものを次の中から一つ選びなさい。

(1)　(イ)立つことが困難で座っていた　(ロ)外出することもできずに家にいた　(ハ)慣れないことで茫然としていた　(ニ)歩き続けることを断念していた

(2)　(イ)何になろうか、何にもならない　(ロ)どうしたものだろうか　(ハ)ほめられて良かったのだろうか　(ニ)何と比べようか、比べられない

問2　[X]に入る語として、最も適当なものを次の中から一つ選びなさい。

(イ)うとまし　(ロ)いみじ　(ハ)かなし　(ニ)あるまじ

問3　傍線部「おぢあさむ」とあるのは、その国の人々のどのような気持ちを表しているのか。後の文をよく読み、三〇字以内で簡潔に説明せよ。

問4　『宇治拾遺物語』と同じ鎌倉初期に成立した作品を、次の中から一つ選びなさい。

(イ)竹取物語　(ロ)雨月物語　(ハ)方丈記　(ニ)太平記

❸ 全文解釈

（■重要語／■助動詞／■接続助詞／■尊敬語／■謙譲語／■丁寧語）

今は昔、遣唐使にて唐に渡りける人の、十ばかりなる子を、え見で❶

今となっては昔のことだが、遣唐使として渡唐した人が、〈主格〉（Aは）10歳ほどの（自分の）子供を、世話しないで

あるまじかりければ、具して渡りぬ。さて過しける程に、雪の高く降り

はいられそうもなかったので、〈原因〉（一緒に）**連れて**渡った。そんなふうにして過ごすうちに、雪が〈主格〉高く降り

たりける日、ありきもせでゐたりけるに、この児の遊びに出でていぬるが、

積もった日に、**外出**しないで家に引きこもっていたが、〈単接〉この子供が〈主格〉遊びに出ていったのだが、〈逆接〉

遅く帰りければ、あやしと思ひて出でて見れば、足形、後ろの方から踏み

帰りが遅かったので、〈原因〉（Aは）**不審だ**と思って外に出てみると、〈偶然〉（Bの）足跡が、後ろの方から踏ん

て行きたるにそひて、大きなる犬の足形ありて、それよりこの児の足形

で行っているのに従って、大きな犬のような足跡があって、交差した所からこの子供の足跡が

見えず。山ざまに行きたるを見て、「これは虎の食ひていきけるなめり」と

見えない。（その足跡が）山の方に行ったのを見て、「これは虎が子供を〈主格〉くわえていったみたいだ。」❷と

思ふに、せんかたなく悲しくて、太刀を抜きて、足形を尋ねて山の方に

（Aは）思うと、〈偶然〉どうしようもなく悲しく思われて、太刀を抜いて、足跡を追って山の方に

行きて見れば、岩屋の口に、この児を食ひ殺して、腹をねぶりて臥せり。

行って見ると、〈偶然〉（Cが）岩の洞穴の入口に、この子供を食い殺して、腹をなめて伏せっている。

登場人物

A **唐に渡りける人**…唐にわたり、虎から子を取り返す。

B **子（この児）**…Aの息子。外出中に虎に殺される。

C **虎**…Bを襲い、Aに殺される。

D **その国の人々（唐の人）**…虎を殺して子供を取り返してきたAを称賛する。

★★ □**ぐす【具す】** 動サ変
①連れていく・一緒に行く ②備わる・備える

□**ありき【歩き】** 名
①外出

★★★ □**あやし【賤し・怪し】** 形シク
①不思議だ ②みすぼらしい ③身分が低い ④不審だ

❶「え…まじかり」「え」は副詞。「まじかり」は助動詞「まじ」の連用形で**不可能**の意味。「…でき（そうも）ない」などと訳す。

❷…断定の助動詞「なり」の連体形「なる」が撥音便化して「なん」になり、撥音の「ん」が消去したもの。「めり」は推定の

太刀を持ちて走り寄れば、え逃げていかで、かいかがまりてゐたるを太刀

（Aが❸）太刀をもって走り寄ると、（Cは）逃げていくことができないで、うずくまって（とどまって）いるのを太刀

にて頭を打てば、鯉の頭を割るやうに割れぬ。次にまた、そばざまに食は

で頭を打つと、（料理をするときに）鯉の頭を割るように割れた。次にまた、（Cが）脇の方から食いつこ

んとて走り寄る背中を打てば、背骨をうち切りてくたくたとなしつ。

うとして走って近寄ってくる背中を（Aが）打つと、背中を切られて、（Cは）ぐったりとしてしまった。

さて、子をば死なせたれども、脇にかい挟みて家に帰りたれば、その国の

そして、（Aは）子供を死なせてしまったけれど、（Bを）自らの脇に挟んで家に帰ったので、その国の

人々、見ておぢあさむこと限りなし。

人々は、（その様子を）見て**怖がり驚きあきれる**ことこの上ない。

唐の人は、虎にあひて逃ぐる事だに難きに、かく虎をばうち殺して、子

唐の人は、虎に遭遇してしまうと逃げることでさえ**難しい**のに、（Aが）このように虎を打ち殺して、子供

を取り返して来たれば、唐の人は、いみじき事にいひて、「なほ日本の国に

を取り返してきたので、唐の人は、**すばらしい**ことだと言って、「やはり日本の国に

は兵の方はならびなき国なり」とめでけれど、子死にければ何にかは

は武兵の方面は並ぶもののない国である」と**ほめた**が、子供が死んでしまっては何になるだろ

せん。

うか、いや何にもならない。

助動詞「めり」の終止形。合わせて、「～であるようだ」と訳す。

□★ **おづ【怖づ】** 動ダ上二
①怖がる

□★★ **あさむ【浅む】** 動マ四
①驚きあきれる ②あなどる・見下す

□★★ **かたし【難し】** 形ク
①難しい ②めったにない

□★★★ **いみじ【忌みじ】** 形シク
①非常に ②すばらしい ③恐ろしい

□★★ **めづ【愛づ】** 動ダ下二
①ほめる ②かわいがる・愛する

❸…子供を襲った後にAに仕留められる虎（C）、というふうに動作や状態を考慮して主語や目的語の補足をする。

❹…「だに」には「類推（…さえ）」の用法と「希望の最小（せめて…だけでも）」の用法がある。希望の最小の用法は後に願望・仮定・命令・意志などの表現が続く用法。

❹解答・解説

問1（答 ⑴ロ **外出することもできずに家にいた** ⑵イ **何になろうか、何にもならない**）

⑴…「ありき／も／せ／で／ゐ／たり」と単語分けされる。「ありき【歩き】」は「外出」の意味の名詞。「も」は強意の係助詞。「せ」はサ行変格活用動詞「す」の未然形。「で」は「…ないで」と訳す打消接続の接続助詞。「ゐ」は「（そこに）いる・座る」と訳すワ行上一段活用動詞「ゐる【居る】」の連用形。「たり」は完了・存続の助動詞「たり」の連用形。正解はロ。雪が深く降ったために**外に出ることができずにいた**のである。

⑵…「何／に／かは／せ／む」と単語分けされる。「かは」は「…〔だろう〕か、いや…ない」と訳す**反語**の係助詞[*1]。「せ」はサ行変格活用動詞「す」の未然形。「む」は推量・意志の助動詞「む」の連体形。文末が連体形になっているのは「かは」の結びである。（大切な）子供を死なせてしまっては、どうにもならないという文脈から、イを選ぶ。

問2（答 ニ **あるまじ**）

選択肢イの「うとまし」は「嫌だ・気味が悪い」と訳すシク活用の形容詞。ロの「いみじ」は良くも悪くも程度の甚だしさを表すシク活用の形容詞。ハの「かなし」は「かわいい・愛しい・悲しい」などと訳すシク活用の形容詞。ニの「あるまじ」は「ある」がラ行変格活用動詞「あり」の連体形、「まじ」が不可能の助動詞「まじ」の連用形「まじかり」の一部。**大切な子供をずっとそばにおいて、見ないではいられない（ので一緒に連れて唐に渡った）という文脈**から、ニを選ぶ。

◆**補足説明**

＊1「かは」…係助詞の「か」と「は」が合わさって一語化した係助詞。ほぼ**反語**（…〔だろう〕か、いや…ない）の意味を表す。

問3 (答例) **恐ろしい虎を打ち殺して子を取り返したことをほめる気持ち。**〔二八字〕

「おぢ／あさむ」と単語分けされる。「おぢ」は、「恐れる・怖がる」と訳すダ行上二段活用動詞「おづ【怖づ】」の連用形。「あさむ」は、「驚きあきれる」と訳すマ行四段活用動詞「あさむ【浅む】」の連体形。後文（14・15・16）に「唐の人は、虎にあひては、逃ぐる事だにかたきに、かく虎をばうち殺して、子を取り返して来たれば、唐の人は、いみじき事にいひて、『なほ日本の国には、兵の方はならびなき国なり』とめでけれど、」とあるのを参考にすること。問題に字数制限が設けられているため、前半の「中国の人は虎に遭遇してしまうと逃げることさえ難しいのに、」を削って、子を食い殺した**虎への恐怖を感じつつ、その恐ろしい虎を打ち殺して自分の子を取り返してきた勇ましさをほめている**部分に触れること。また、どのような気持ちかを問う説明問題なので「…気持ち。」で文末を結ぶこと。

問4 (答) (ハ) **方丈記**

『方丈記』は鴨長明による**鎌倉時代**初期の随筆。日本中世文学の代表的な随筆で、平安時代中期の『枕草子』、鎌倉時代後期の『徒然草』と共に「日本三大随筆」といわれる。なお、『竹取物語』は**平安時代**初期に成立した物語で、成立年・作者は共に不明。『雨月物語』は上田秋成によって**江戸時代**後期に作られた読本作品。『太平記』は**室町時代**に成立した軍事物語である。

●豆知識

非常にリアルな虎の描写でしたね。思わず身震いがしました。芥川龍之介は、こんな説話のリアリティに魅了されて、『羅生門』や『芋粥』、『鼻』などの小説を執筆したといわれています。最後が「唐の人は、…子死にければ、何にかはせむ」でまとめられています。この部分を見て、私は『万葉集』にある山上憶良の歌を思い出してしまいました。

銀も 金も玉も 何せむに
優れる宝 子にしかめやも

（訳：銀も金も宝石も、どうしてそれらよりすぐれている宝である子供に及ぶものであろうか、いや及ぶものではないのだ。）

親が子を思う気持ちは、古代から現代まで、全く変わっていないんです。

第24回 演習 EXERCISE

ジャンル別の読解法②

「物語」の読解

重要度 S

解答時間 8分

学習日 ／

1 要点整理

短編の「説話」とは違い、「**物語**」はほとんどが**長編**[*1]です。よって、入試問題では、**物語全体の一部分**を切り取って出題することになります[*2]。物語の内容は様々ですが、その多くが平安時代の貴族社会の中で展開されていくことが多いので、敬語（☞32頁～）や数々の古文常識（☞70頁～）の知識を用いながら**主語を補足**しつつ、読解していくことが基本となります。

また、物語は次の①～③の三つに分類し、それぞれの読解法と作品常識を駆使することで、より速く正確に読解できるようになります。覚えておきましょう。

【「物語」の読解法】

① 歌物語（**伊勢物語・大和物語・平中物語**）…和歌を中心とした短編物語。**和歌と本文の共通する語句を対比**しながら読解すること。

② **語り手のいる歴史物語**（**大鏡・今鏡**[*3]）…「語り手」[*4]が若侍に話した内容を筆録したという設定であるため、登場人物に「語り手」が含まれている点が特徴。（主語のない）**心情語・謙譲語の主語は「語り手」自身**（私）であることが多い。

③ **その他の物語**（**竹取物語・源氏物語**など）…長編の一部分だけが出題されるので、物語全体の概要を知っておくと有利。冒頭のリード文や注釈をしっかり見て、場面や状況、登場人物の各々の立場や役割を把握し、主語や目的語を補足するためのヒントとすること。

◆補足説明

＊1 歌物語の『伊勢物語』や歴史物語の『大鏡』など、短編完結型の物語もある。

＊2 物語の一部を途中から読むことになるので、冒頭のリード文で、問題文の場面や状況が簡潔に説明される。そこでしっかりと登場人物や関係を把握し、読解していくことが大切。

＊3 『大鏡』『今鏡』『水鏡』『増鏡』は四鏡と呼ばれ、成立順を問われることがあるため、それぞれの頭文字をとって、「だい・こん・みず・まし」と覚えておくとよい。

＊4 『大鏡』は、大宅世継（190歳）や夏山繁樹（180歳）が若侍にそれぞれの見聞を語り、三人の座談と問答によって歴史が語られていく体裁を取る。なお、鎌倉時代の物語評論書である『**無名草子**』も「語り手」が登場するので注意。

【「物語」頻出ランキングベスト10】

※大学入試問題約1000回分を集計。★印は頻出度（多いほど頻出）

順位	作品名	作者・著者	成立	種類	概要
★★★ 1	源《げん》氏《じ》物語	紫式部	平安	その他	五四帖の長編。前半は天皇の皇子として生まれた光源氏の一代記で、これが入試最頻出。後半（巻名「匂宮」以降の帖）は光源氏の子供（実は柏木の子供）薫と、光源氏の孫である匂宮が主人公。
★★ 2	今鏡《いまかがみ》	藤原為経？	平安	歴史物語	後一条天皇から高倉天皇までの約150年の歴史を記す。敬語に注意して人間関係を掌握し、読解すること。『大鏡』『今鏡』『無名草子』の三つの作品は語り手が登場するので注意。
★★ 3	浜松《はままつ》中《ちゅう》納《な》言《ごん》物語	菅原孝標女？	平安	その他	主人公である浜松中納言の、日本と唐にまたがる恋や転生を中心とした浪漫的な物語。作者は『更級日記』の菅原孝標女とされる。
★★ 4	大和《やまと》物語	未詳	平安	歌物語	在原業平を主人公とする『伊勢物語』とは違って統一的な主人公は存在せず、天皇から遊女まで、幅広い層の主人公が登場する。数々の和歌を使った恋愛話や、あわれ深い話が多い。
★★ 5	宇《う》津《つ》保《ほ》物語	源順？	平安	その他	「宇津保」とは「ほらあな」の意。生活するすべを失った母子が洞穴で生活するシーンにちなむ。内容としては、琴の秘曲伝授・恋愛話・政治的紛争のどれかが語られる。
★★ 6	大鏡《おおかがみ》	未詳	平安	歴史物語	文徳天皇から後一条天皇までの歴史とその他30人の列伝。『栄華物語』と違い、藤原道長の栄華を批判的に語る。（尊敬語の文以外の主語のない文の主語は、語り手であることが多い。
★★ 7	平家《へいけ》物語	信濃前司行長？	鎌倉	その他	平家一門の栄枯盛衰を描いた作品。平家の栄華、（平清盛没後の）都落ち、滅亡、悲話など様々な内容。小説風にまとまった文庫本を1冊読んでおくと有利。
★★ 8	栄華《えいが》物語（花）	赤染衛門／出羽弁	平安	その他	宇多天皇から堀河天皇までの約200年間の歴史。藤原道長の栄華を賛美。敬語に注意して人間関係を掌握、一気に読解すること。
★ 9	落窪《おちくぼ》物語	未詳	平安	その他	いわゆる「継子いじめ」の話。虐待されていた継子の姫君が、右近少将道頼に救い出され、継母方が少将に復讐されるという話。少将と姫君には尊敬語が使用されている点に注目。
★ 10	平中《へいちゅう》物語	未詳	平安	歌物語	色好みの平貞文（さだふん）が、数々の女性と交際する歌物語。全三九段中、三〇段が女性との交際を描いている。抒情性あふれる『伊勢物語』とは違い、世俗的で滑稽な話も多い。

◎「物語」の出題割合

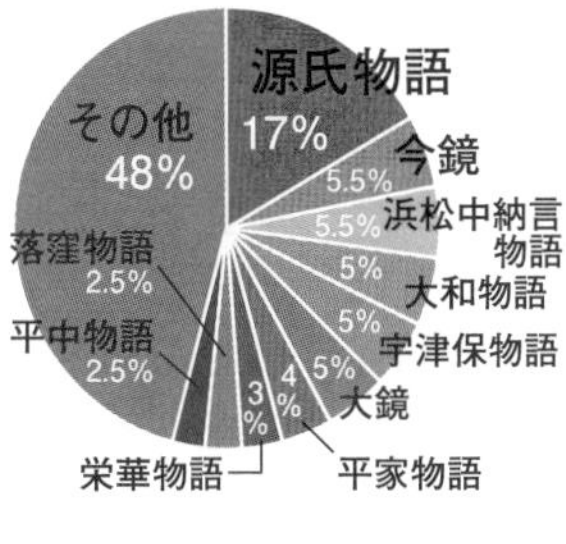

大学入試全体の約33%が「物語」からの出題。そして、物語のうち約5割は上表のトップ10から満遍なく出題されている。『源氏物語』（第一帖）の頻出度は群を抜いているものの、有名作品以外からも幅広く多種多様な物語が出題されている。

●その他の物語

- □ **狭衣物語**（六条斎院宣旨）
- □ **夜の寝覚**（菅原孝標女？）
- □ **増鏡**（作者未詳）
- □ **太平記**（小島法師？）
- □ **伊勢物語**（作者未詳）

❷ 問題演習

次の文章は『宇津保物語』「俊蔭」の一節である。賀茂杜に参詣した若小君は、ある邸の中から行列を見ていた女に気づく。女は父の死後没落し、一人さびしく暮らしていたのだった。夕方、その女に逢うために邸を訪ねた若小君は歌を詠みかけたが、女は逃げるように建物の奥へ入っていった。以下の文章は、それに続くものである。これを読んで、後の問いに答えよ。

かの人の入りにし(a)方に入れば、塗籠※1あり。そこにゐて、もののたまへど、をさをさ答へもせず。若小君、「あなおそろし(b)。音し(c)給へ」とのたまふ。「おぼろけにては、かくまゐり来なむや」などのたまへば、けはひなつかしう、童《わらは》にもあれば、少しあなづらはしくやおぼえけむ、

蜻蛉《かげろふ》のあるかなきかにほのめきてあるはあるとも思はざらなむ

と、ほのかにいふ声、いみじうをかしう聞こゆ。いとど思ひまさりて、「まことは、かくてあはれなる住まひ、などてし給ふぞ。誰《た》が御族《おんぞう》にかものし給ふ」とのたまへば、女、「いさや、何にかは聞こえさせむ。(1)かうあさましき住まひし(d)侍れど、(2)立ち寄り訪ふべき人もなきに、あやしくおぼえずなむ」と聞こゆ。君、「『うときより』※2としも(e)いふなれば、おぼつかなきこそ頼も

（注）
※1 塗籠（ぬりごめ）…壁でまわりをかこみ、1箇所に出入口を設けた部屋。調度や貴重品を収納するためなどに用いた。
※2 うときより…「はじめは疎遠でも次第に関係が深まっていくものだ」という意味のことわざ。
※3 思ふもしるくなむ…思った通りでした。

(f)しかなれ。いとあはれに見え給へれば、えまかり過ぎざりつるを、思[※3]ふもしるくなむ。親ものし給はざなれば、いかに心細くおぼさるらむ。誰と聞こえ(g)し」などのたまふ。答へ、「誰と人に知られざりし人なれば、聞こえさすともえ知り給はじ」とて、前なる琴をいとほのかにかき鳴ら(h)してゐたれば、この君、いとあやしくめでたしと聞きゐ給へり。

（宇津保物語）

問1 傍線部(1)の語句の解釈として最も適当なものを、次の㋑～㋭のうちから一つ選べ。

㋑ 窮屈な　㋺ がらんとした　㋩ ひっそりとした　㋥ 気味が悪い　㋭ 見苦しい

問2 二重傍線部(a)～(h)の「し」のうち、「サ行変格活用動詞・形容詞・過去の助動詞」のいずれ（の一部）でもないものが二つある。それはどれとどれか。次の中から一つ選べ。

① (a)と(d)　② (b)と(e)　③ (c)と(f)　④ (d)と(g)　⑤ (e)と(h)

問3 傍線部(2)の解釈として最も適当なものを、次の㋑～㋭のうちから一つ選べ。

㋑ この邸を訪れる者もない境遇ですので、あなたの御訪問が思いもよらぬことで戸惑っています。
㋺ 通ってくる男がおらずひとりで過ごしていますが、私のことを変だと思わないでください。
㋩ 訪ねてくる身内もいない身の上ですが、意外なことだとは思ってほしくありません。
㋥ この邸に立ち寄ってくれる知り合いもいませんが、私は特に気にせずに暮らしております。
㋭ 訪ねてくる者もありませんので、私のことを身分が低く自分にふさわしくないとお思いでしょう。

❸ 全文解釈

（■重要語／■助動詞／■接続助詞／■尊敬語／■謙譲語／■丁寧語）

かの人の入りにし方に入れば、塗籠あり。そこにゐて、ものの たまへど、

あの人が引き込んでしまった方に（Aが）入ると、塗籠であった。（Aが）そこに座して、（Bに）話しかけなさるが、

をさをさ答へもせず。若小君、「あなおそろし。音し給へ」とのたまふ。

（Bは）ほとんど返事もしない。若小君は、「ああ（無言が）恐ろしい。何かお話しください。」とおっしゃる。

「おぼろけにては、かくまゐり来なむや」などのたまへば、けはひなつかしう、

（Aは）「ふつうは、このように参上するか、いやしません」などとおっしゃると、（BはAの）様子が親しみやすく、

童にもあれば、少しあなづらはしくやおぼえけむ、

幼い少年でもあるので、あまり気を遣わなくてよいと思われたのだろうか、

蜻蛉のあるかなきかにほのめきてあるはあるとも思はざらなむ

（私は）蜻蛉のようにあるかないかわからない、儚い者ですので、実際ここにいたとしてもいるとは思わないでほしい

とほのかにいふ声、いみじうをかしう聞こゆ。いとど思ひまさりて、「まことは、かくてあはれなる住まひ、などてし給ふぞ。誰が御族にかものし給ふ」とのたまへば、女、「いさや、何にかは聞こえさせむ。」かうあさましき

と、（Bが）か細く話す声が、非常に趣があるように感じられる。（Aは）いよいよしみじみと思いが募って、「本当に、このように気の毒な生活を、なぜなさっているのか。どのような方の御親族でいらっしゃるのか」とおっしゃると、女は、「さあ、なぜ申し上げることができましょうか。このようにみすぼらしい

A 若子君…父と共に賀茂社に参り、出会った女（B）に手紙を送り、追いかけ、一夜を過ごす。まだ幼さが残る人物。

B 女…Aに気づかれ、逃げるようにして建物に逃げ込む。琴を弾き、Aと一夜を共にする。

□★★★ をさをさ 副
①ほとんど〈↔打消〉

□★ おと【音】名
①便り・訪れ　②評判　③音（色）・声

□おぼろけなり【朧けなり】形動ナリ
①並一通りだ・ふつうだ

□★★★ なつかし【懐かし】形シク
①親しみやすい　②心がひかれる

□★★ あなづらは《ワ》し【侮らはし】形シク
①侮りたくなる様子だ　②気を遣わなくてもよい

□★★★ あは《わ》れなり 形動ナリ
①しみじみと…だ　②気の毒だ　③趣深い

□★★★ いさ 感／副
①さあ・ええと　②さあ〈↔打消〉

□★★★ あさまし【浅まし】形シク
①（意外なことに）驚きあきれ

住まひし侍れど、立ち寄り訪ふべき人もなきに、あやしくおぼえずなむ」

生活をしておりますので、立ち寄って訪れるような恋人もないのに、❷不思議で思いがけないことです」

と聞こゆ。君、「『うときより』としもいふなれば、おぼつかなきこそ頼もしかなれ。いとあはれに見え給へれば、えまかり過ぎざりつるを、思ふもしるくなむ。親ものし給はざなれば、いかに心細くおぼさるらむ。誰と聞こえし」などのたまふ。答へ、「誰と人に知られざりし人なれば、聞こえさすとも え知り給はじ」とて、前なる琴をいとほのかにかき鳴らしてゐたれば、この君、いとあやしくめでたしと聞きゐ給へり。

と申し上げる。若子君は、「『うときより』と言うようなので、(気持ちが)わからないことで(将来を)期待できるようだよ。大変しみじみと心ひかれる人に見えなさったので、通り過ぎることもできませんで、思った❸通り(の良い人)であった。親も亡くなっているようなので、どれほど心細くお思いであろうか。(父上は)何と申し上げた(方か)❹」などとおっしゃる。(Bの)返事、「(父は)誰だと世間の人に知られなかった人なので、たとえ申し上げてもご存じではありますまい」と言い、前にある琴を大変ほのかにかき鳴らして座っているので、この若小君は、大変不思議ですばらしいとじっとお聞きなさっている。

たことだ ②情けない・興ざめだ ③みすぼらしい

★★★ **あやし【賤し・怪し】** 形シク ①不思議だ ②みすぼらしい ③身分が低い

★★ **うとし【疎し】** 形ク ①疎遠だ

しるし【著し】 形ク ①はっきりしている・目立っている ②その通りである

★★ **めでたし【愛でたし】** 形ク ①すばらしい

❶…**未然形＋なむ**→他への願望の終助詞「なむ」

❷…Bは、Aが自分のみすぼらしい家に立ち寄ったことに対して、不思議に思っている。

❸…「効果」という意味の名詞「しるし」と合わせて覚えておくこと。

❹…この「し」は助動詞「き」の連体形で、直後に「人」などが省略されている。

❹ 解答・解説

問1（答 ㋭ 見苦しい）

傍線部(1)の「あさましき」は、シク活用の形容詞「あさまし」の連体形で、「驚きあきれたことだ・情けない・興覚めだ・みすぼらしい」などと訳す。「あさましき住まひ」なので、「みすぼらしい（＝見苦しい）住まい」と解釈するのが適当。女の落ちぶれた生活の様子を表していることに注意する。

問2（答 ⑤ (e)と(h)）

(a)…「方」という名詞が続いているので、**過去の助動詞**「き」の連体形。
(b)…「おそろし」がシク活用の**形容詞**「おそろし【恐ろし】」の終止形語尾。
(c)・(d)…「し」が「〜する」と訳すことから、**サ行変格活用動詞**「す」の連用形。
(e)…「しも」という形に注意する。文中にあり、係助詞「も」が続く「し」は**強意の副助詞**と考えること。
(f)…「頼もしかなれ」が「頼もしかるなれ」というシク活用の**形容詞**「頼もし」の連体形「頼もしかる」に伝聞・推定の助動詞「なり」の已然形が続いて撥音便化し、「頼もしかんなれ」となり、最終的に「ん」という撥音便が消去した形。
(g)…**過去の助動詞**「き」の連体形。「誰と」のように疑問表現のある場合、文末は連体形になる。
(h)…「鳴らし」は**サ行四段活用動詞**「鳴らす」の連用形である。
　以上より、「サ行変格活用動詞・形容詞・過去の助動詞」のいずれ（の一部）でもないものは(e)と(h)。

問3 （答）㋑ **この邸を訪れる者もない境遇ですので、あなたの御訪問が思いもよらぬことで戸惑っています。）**

傍線部(2)は、「立ち寄り／訪ふ／べき／人／も／なき／に、／あやしく、／おぼえず／なむ」と単語分けされる。「立ち寄り」は、ラ行四段活用動詞「立ち寄る」の連用形。「訪ふ」は、「訪れる・見舞う」と訳すハ行四段活用動詞「とぶらふ【訪ふ】」の終止形。若子君が女のもとに訪問したことを指している。「べき」は、「…することになっている」と訳す**予定**の助動詞「べし」の連体形。「も」は強意の係助詞。「なき」はク活用の形容詞「なし【無し】」の連体形。「に」は逆接の接続助詞。

「あやしく」は、「**不思議だ・みすぼらしい**」と訳すシク活用の形容詞「あやし」の連用形。その下の「おぼえず*1」は、「**思いがけず**」と訳す副詞。「なむ」は強意の係助詞。「〜に・〜と・〜く（形容詞の語尾）・〜う（形容詞の語尾のウ音便）・〜ず」に続く「なむ」は係助詞である。この「なむ」の直後には「ある／侍る」などが省略されている。女は若子君の到来が「不思議」で「思いがけない」ことであると告げたのである。この解釈に最も近いのが㋑。

◆補足説明

*1 おぼえず【覚えず】…ヤ行下二段活用動詞「おぼゆ」の未然形（おぼえ）に、打消の助動詞「ず」が付いて1語の副詞になったもの。

●豆知識

『宇津保《うつほ》物語』は平安時代中期の作者未詳の物語。「うつほ」とは木の空洞のこと。問題文中に登場する女は、やがて子供と共に山の中の木の空洞で生活するようになります。この空洞から物語名はつけられました。この女性の奏でる琴の音色は人間だけでなく、山の動物をも魅了します。まるでディズニー映画のワンシーンみたいなんですね。

この女の子供の父親が今回登場した若子君（藤原兼雅）です。この先、恋愛、政争、琴の秘曲伝授など、内容が盛りだくさんの物語です。

ジャンル別の読解法③

「日記」の読解

重要度 B
解答時間 9分
学習日 ／

❶ 要点整理

「**日記**」とは、作者（筆者）が自分の目線で日々の出来事や行動を記録したものです。「説話・物語系」の文章との決定的な違いは、**日記は登場人物に「作者（筆者）」が含まれる***1という点です。それゆえに、「説話・物語系」の文章とは少し違う読み方をする必要があります。
また、日記は、狭い範囲の身近な出来事を記録したもの（＝当事者だけ読んでわかればよいもの）であるため、言わなくてもわかるような**主語や目的語がよく省略されます。**次の読解法を用いて、しっかり主語を補足しながら読みましょう。

【「日記」の読解法】

①「（…と）思ふ／あはれなり」のような「**心情語**」に主語がない場合、**主語は作者（私）**である。
※日記は自分の目線で描いているため、自分の心情を表すときにわざわざ「私は」という主語は書かない。*2

②「**謙譲語**」を含む文に主語がない場合、**主語は作者（私）**である。
※日記の作者は、紫式部や和泉式部のように「**高貴な人に仕えている中流階級の人物**」である場合が多いため、自らの動作を謙譲語で表すケースが多い。

③自作の**和歌**がよく出てくるため、和歌と本文を比較しながら読解すること。

◆**補足説明**

*1 説話や物語は、基本的に作者（筆者）とは関係のない世界のことを描いた作品であり、文中に作者は登場しない。一方、日記は作者の目線で日々の出来事を記録したもので、作者が登場していない場面はなく、作者の心情がそのまま表されたりする。

*2 逆に、主語のない心情語のある文章は「日記である」とわかる。

【「日記」頻出ランキングベスト10】

※大学入試問題約１０００回分を集計。★印は頻出度（多いほど頻出）

順位	作品名	作者・著者	成立	概要
★★ 1	蜻蛉《かげろう》日記	藤原道綱母《みちつなのはは》	平安	夫の藤原兼家との結婚生活における愛と苦悩、子の道綱への母性愛が綴られている。上巻では夫の他の妻への嫉妬が支配的であるが、中巻・下巻と話が終わりに近づくにつれ、自己を客観視するようになる。
★★ 2	とはずがたり	後深草院二条	鎌倉	作者の14歳から49歳にいたるまでの自伝的日記。前半は、寵愛を受けた後深草院（上皇）との愛欲の日々や、数々の男性との恋愛を赤裸々に綴り、後半は出家求道の日々を記した。
★★ 3	和泉式部《いずみしきぶ》日記	和泉式部	平安	作者は中宮彰子に仕えた女房。帥宮敦道親王との1年にも満たない愛の日記。和歌も多く、歌物語に似た性格もある。歌は帥宮への贈答歌が中心。尊敬語の主語は帥宮である場合が多い。
★★ 4	更級《さらしな》日記	菅原孝標女《すがわらのたかすえのむすめ》	平安	約40年間にも及ぶ生涯の回想記。東国（関東）から帰京した13歳のときに始まり、以後52歳までの生活や心境が綴られている。『源氏物語』に憧れた少女時代や、親しい人との死別など、その内容は様々。
★ 5	讃岐典侍《さぬきのすけ》日記	藤原長子《ちょうし》	平安	堀河天皇の発病から死までの悲しい有様を記する。そして作者は天皇の死後、天皇の息子の新帝鳥羽天皇に仕える。高貴な子供は鳥羽天皇で、病気がちな貴人は堀河天皇であると考えてよい。
★ 6	紫式部《むらさきしきぶ》日記	紫式部	平安	人生の回想記。中宮彰子に仕えた女房のときの記述や、自己を凝視したりするシーンが見られる。『源氏物語』の作者という華々しい人物の日記でありながら、比較的孤独な思いを吐露したりする。
★ 7	建礼門院右京大夫《だいぶ》集	藤原伊行女《これゆきのむすめ》	鎌倉	「歌集」に近い日記。平資盛との愛や、平家の滅亡に関する悲劇を記す。本文中にある数多くの和歌は、作者による、愛人の平資盛に対する愛惜の情を詠みこんだ和歌であると考えてよい。
★ 8	うたたね	阿仏尼《あぶつに》	鎌倉	『十六夜日記』で有名な歌人、阿仏尼のもう一つの日記。若い頃、失恋し、出家求道の旅に出た日々のことを書き記す。
9	東関紀行《とうかんきこう》	未詳	鎌倉	京都東山に住む50歳近くの作者が、１２４２年に鎌倉へ下ってそこに2カ月間滞在したのち、帰京の途につくまでの紀行文。
10	土佐日記	紀貫之《きのつらゆき》	平安	日本初の仮名日記。作者を女性に仮託した形（**女性仮託**）で書かれている。作者の紀貫之が土佐守を終えて京都に帰るまでの五五日間を、１日も欠かさず書き記してある。

◉「日記」の出題割合

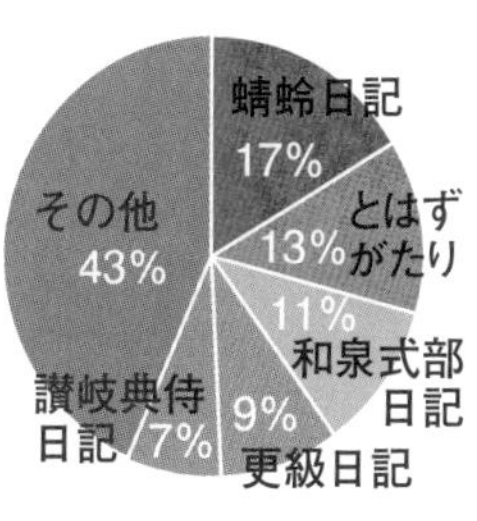

大学入試問題全体の約10％が「日記」からの出題であった。そして、右の円グラフのとおり、日記のうち約6割は上表のトップ5から出題されている。基本的すぎるためか、意外にも『土佐日記』や『十六夜日記』の出題はほぼなかった。総合的に、日記の出題はそれほど多くないといえるが、上表トップ5の作者・概要はしっかりおさえておきたい。

❷ 問題演習

次の文章は『紫式部日記』の一節で、作者が同僚である女房（宰相の君）と世間話をしていた折に、藤原道長（殿）の嫡子である頼通《よりみち》（三位の君）も入って来て一緒に話をする場面である。これを読んで、後の問いに答えよ。

しめやかなる夕暮れに、宰相の君とふたり、物語してゐたるに、殿※1の三位の君、簾《すだれ》のつま引き上げて、ゐたまふ。年のほどよりは(1)いとおとなしく、心にくきさまして、「人はなほ、心ばへこそ難《かた》きものなめれ」など、世の物語しめじめとしておはするけはひ、をさなしと人のあなづりきこゆるこそ［　　］と、(2)恥づかしげに見ゆ。うちとけぬほどにて、「※2おほかる野辺《べ》に」とうち誦じ※3て、立ちたまひにしさまこそ、物語にほめたる男の(3)心地しはべりしか。

かばかりなることの、うち思ひいでらるるもあり、そのをりはをかしきことの、過ぎぬれば忘るるもあるは、いかなるぞ。

（紫式部日記）

（注）

※1 殿の三位の君…殿（藤原道長）の子息の三位の君。当時まだ17歳。

※2 おほかる野辺…「女郎花多かる野辺に宿りせばあやなくあだの名をや立ちなむ」（『古今和歌集』秋・二二九）の第二句。

※3 うち誦（ず）じて…口ずさんで。吟じて。

問1　傍線部(1)の現代語訳として最も適切なものを選びなさい。
①甚だ内気で気にくわない様子
②非常に落ち着いていて巧みな様子
③とても大人びていて奥ゆかしい様子
④たいそう物静かで謎めいている様子
⑤あまりに冷静沈着で憎らしいほどの様子

問2　傍線部(2)は、誰がどのような様子だというのか。最も適切なものを選びなさい。
①作者と宰相の君が、三位の君に親しく接してもらって恐縮している様子。
②作者と宰相の君が、憧れの貴公子である三位の君を前にして緊張しきっている様子。
③まだ年若い三位の君が、年上の女性たちを前にして照れくさがっている様子。
④三位の君が、周囲の者が気後れしてしまうほどに立派である様子。
⑤三位の君のことをあなどった人々が、自分たちの見立て違いを後悔し恥じ入りそうな様子。

問3　空欄□に形容詞「悪《あ》し」を適当な形に直して入れなさい。

問4　傍線部(3)から敬語「はべり」を除いたら、どのような形になるか記せ。

❸ 全文解釈

（■重要語／■助動詞／■接続助詞／■尊敬語／■謙譲語／■丁寧語）

しめやかなる夕暮れに、宰相の君と、ふたり、物語してゐたるに、殿の三位の君、簾のつま引き上げて、ゐたまふ。❷年のほどよりはいとおとなしく、心にくきさまして、「人はなほ、心ばへこそ難きものなめれ❸」など、世の物語しめじめとしておはするけはひ、「をさなしと人のあなづりきこゆるこそ悪しけれ」と、恥づかしげに見ゆ。うちとけぬほどにて、「おほかる野辺に」とうち誦じて、立ちたまひにしさまこそ、物語にほめたる男の心地しはべりしか❹。

かばかりなることの、うち思ひいでらるるもあり、そのをりはをかしき

しんみりとした夕暮れに、（同僚の）宰相の君と（私の❶）二人が、何か話をして座っていると、（そこへ）三位の中将様が、簾の先を引き上げて、お座りになる。（Bは）年齢の割には非常に大人びていて、奥ゆかしい様子で、「人（女性）はやはり気だてが良いということになると難しいものですね」などと、その手の話などをしみじみとしていらっしゃる様子で、「（頼通様は）まだ幼いと人が侮り申し上げるのはよくないことだ」と、立派に思われる。（Bが❷）あまり慣れ慣れしくないくらいで、「おほかる野辺に」と歌を口ずさみなさって、お立ちなさった様子は、物語に称賛されている男の気持ちがしました。

この程度のことで、ふと思い出されることもあり、そのときは趣深いと思った

登場人物

A 宰相の君…筆者の同僚の女性。筆者と共に中宮彰子にお仕えしている。

B 殿の三位の君…藤原道長の子息の頼通。筆者（私）のお仕えしている所にやってきて、世間話をし、和歌を口ずさみ、その場を立ち去る。

★★★ □おとなし【大人し】形シク
①大人びている ②分別がある

★★★ □こころにくし【心憎し】形ク
①奥ゆかしい・心ひかれる

★★ □こころばへ【心延へ】名
①性格・気だて ②気配り・心遣い

□はづかしげなり【恥づかしげなり】形動ナリ
①恥ずかしそうだ ②立派だ

★★ □うちとく【打ち解く】動カ下二
①油断する ②慣れ親しむ・くつろぐ

❶…本文に間接体験の過去を表す「けり」がないので自己体験の文章だと考え、筆者自身を

ことの〔格助〕、過ぎ〔上二[用]〕ぬれ〔完了[已]〕ば〔接助〕忘るる〔下二[体]〕も〔係助〕ある〔ラ変[体]〕は〔係助〕、いかなる〔ナリ[体]〕ぞ〔係助〕。

ことでも、〈主格〉時が経つと忘れる〈偶然〉こともあるというのは、どういうことでしょうか。

9

主語として挿入する。同僚の女房である宰相の君(A)には尊敬語は見られない。

❷…殿の三位の君(B)は訪問者であり、尊敬語が使用されている点に注意して読解する。

❸…この「なめれ」は、断定の助動詞「なり」の連体形（なる）に推定の助動詞「めり」の已然形が接続した「なるめれ」の「る」が撥音便化し、「なんめれ」となった後、音便が消去して「なめれ」となったもの。「…であるようだ」と訳す。

❹…「しか」
過去の助動詞「き・けり」もしくは完了の助動詞「つ・ぬ・たり」も連用形接続の助動詞である。なお、完了・存続の助動詞「り」はサ変の未然形か四段の已然形に接続する。

❹ 解答・解説

問1（答 ③ **とても大人びていて奥ゆかしい様子**）

傍線部(1)は、「いと／おとなしく、／心にくき／さま／し／て」と単語分けされる。単語の意味は脚注を参照。「おとなし」は、「**大人びている・**分別がある」と訳すシク活用の形容詞「おとなし【大人し】」の連用形。「心にくき」は、ク活用の形容詞「こころにくし【心憎し】」の連体形で、「**奥ゆかしい**・心ひかれる」の意。「気にくわない・憎らしい」といった意味合いはないので注意すること。

問2（答 ④ **三位の君が、周囲の者が気後れしてしまうほどに立派である様子。**）

傍線部(2)は、「恥づかしげに／見ゆ」と単語分けされる。「恥づかしげに」は、ナリ活用の形容動詞「恥づかしげなり」の連用形で、「（こちらが恥ずかしくなるほど相手が）立派だ・高貴だ」という意味。「見ゆ」は、ヤ行下二段活用動詞「見ゆ」の終止形で、「見える・見られる・会う・思われる・結婚する」などと訳す多義語。文脈から「見える」と解釈する。藤原道長の子息である頼通の、周囲が気後れするほどに立派である様子を表している。

問3（答 **悪しけれ**）

「悪《あ》し」は、シク活用の形容詞なので、悪［（しく）―しく―し―しき―**しけれ**―○］と活用する。空所の直前に文末を**已然形**にする係助詞「こそ」があるので、「悪し」を已然形の「**悪しけれ**」にする。

問4（答 **心地せしか**）

傍線部(3)は「心地し／はべり／しか」と単語分けされる。「心地し」はサ行変格活用動詞「心地す」の連用形。サ変動詞なので、心地［せ―し―す―す―する―すれ―せよ］と活用する。「はべり」はラ行変格活用動詞「はべり【侍り】」の連用形。「しか」は過去の助動詞「き」の已然形。

過去の助動詞の「き」は、**連用形**接続で、［(せ)―○―き―し―しか―○］と活用する。この連体形の「**し**」、已然形の「**しか**」に要注意。この「**し―しか**」が**サ変動詞**に接続する場合、連用形ではなく**未然形**（せ）に接続し、「～せ**し**／～せ**しか**」という形になる[*1]。したがって、「心地す」の下に過去の助動詞「き」が接続する場合、「**心地せしか**」という形になる。

◆**補足説明**

＊1　**連用形**（～し）に接続する場合、「～し**し**／～し**しか**」となって、非常に**言いづらい**ため、サ変動詞には**未然形**に接続して「～せ**し**／～せ**しか**」という形になったと考えてほしい。同様に、カ変動詞（来）に接続する場合も、**未然形**（こ）に接続して「～こ**し**／～こ**しか**」という形になる。ただし、**連用形**（き）に接続して「～き**し**／～き**しか**」という形になる場合もある。

第26 演習 EXERCISE

ジャンル別の読解法④

「随筆」の読解

重要度 B

解答時間 9分

学習日 ／

❶要点整理

「**随筆**《ずいひつ》」とは、自分の思いや考えを書き記した文章[*1]のこと。随筆のテーマが**和歌**であるとき、「**評論**《ひょうろん》（**歌論**《かろん》）」というジャンルに分類される場合もあります。随筆・評論は日記に近い性質をもつため、**日記と同じように読解**しましょう。

ただ一点、随筆が日記と大きく異なるのは、「**随筆には筆者の主張の部分がある**」というところです。随筆の主張にあたる部分を問う問題は入試頻出。次の読解法で、随筆の主張の部分を見抜けるようにしておきましょう。

【「随筆」の読解法】

① 主語のない**心情語・謙譲語**の主語は**作者**（私）である。※日記と同じ

② **主張**の部分には、**係結び**[*2]**や当然の助動詞「べし」**を使うことが多い。

(例) 問はぬ限りは言はぬ**こそいみじけれ**。（徒然草）

▼人が質問しない以上はこちらから言わないのがすばらしいのだ。

③ 断定の助動詞「**なり**」や願望の終助詞「**なむ**」「**ばや**」「**がな**」も強調表現であるため、「主張」が含まれる場合が多い。

◆**補足説明**

＊1 現代における「エッセイ」や「感想文」、「評論文」のようなものだと考えてよい。

＊2 係助詞「**ぞ・なむ・や・か**」は文末を**連体形**にする。また、係助詞「**こそ**」は文末を**已然形**にする。

※文末の形を変化させることによって通常との違いを出し、「強調」する狙いがある。

【「随筆」頻出ランキングベスト10】

※大学入試問題約１０００回分を集計。★印は頻出度（多いほど頻出）

順位	作品名	作者・著者	成立	種類	概要
★★★ 1	枕草子《まくらのそうし》	清少納言	平安	随筆	「すさまじきもの」などのような物尽くしの章、「春はあけぼの」などに代表される自然・人事の感想を書いた章、作者と女房たちが仕えている中宮定子の回想記、の三つの章に分類される。
★★ 2	俊頼髄脳《としよりずいのう》	源俊頼	平安	評論	「気高く遠白き」（気品があって奥深い趣があること）を和歌の理想と説く。和歌の良し悪しについての論が多い。
★★ 3	無名抄《むみょうしょう》	鴨長明	鎌倉	評論	『方丈記』で有名な鴨長明の歌論書。和歌に関する故実、歌人の逸話・語録、詠歌の心得などを記した随筆風の書。
★ 4	無名草子《むみょうぞうし》	藤原俊成女？	鎌倉	評論	『源氏物語』など平安時代の様々な物語評をはじめ、小野小町・清少納言・紫式部などのすぐれた女性を、女性の立場で批評している。老尼と女房たちの対話形式であるため、語り手の存在を意識すること。
★ 5	玉勝間《たまかつま》	本居宣長	江戸	評論	本居宣長の歌論や芸術論。著者の博学ぶりや、学問に対する真剣な姿勢を知ることができる。
★ 6	徒然草《つれづれぐさ》	兼好法師	鎌倉	随筆	無常を生きる知恵の集大成。自然観照・人間論・処世論など内容は多岐にわたる。主張には係結びや当然の助動詞「べし」が使用されやすい。『枕草子』『方丈記』『徒然草』の三つを合わせて三大随筆とよぶ。
7	奥《おく》の細道《ほそみち》	松尾芭蕉	江戸	評論	評論というよりも俳論・紀行文のジャンル。江戸を出発した芭蕉とその門人（曾良）が、東北から北陸を経て、美濃の大垣に至るまでに詠まれた俳句を掲載した紀行文。
8	風姿花伝《ふうしかでん》	世阿弥	室町	評論	能楽の大成者である世阿弥が、父観阿弥の遺訓にもとづいて著した最初の能楽論書。
9	去来抄《きょらいしょう》	向井去来	江戸	評論	芭蕉の弟子である作者が、芭蕉の理念をまとめた俳論集。発句（俳句）をあげ、その後、その句の批評をするという構成になっている。
10	花月草紙《かげつそうし》	松平定信	江戸	評論	寛政の改革の中心人物である作者が、政治・経済・学問・遊芸・道徳・日常生活・自然現象にいたるまで幅広い見識で論じている。

●「随筆」の出題割合

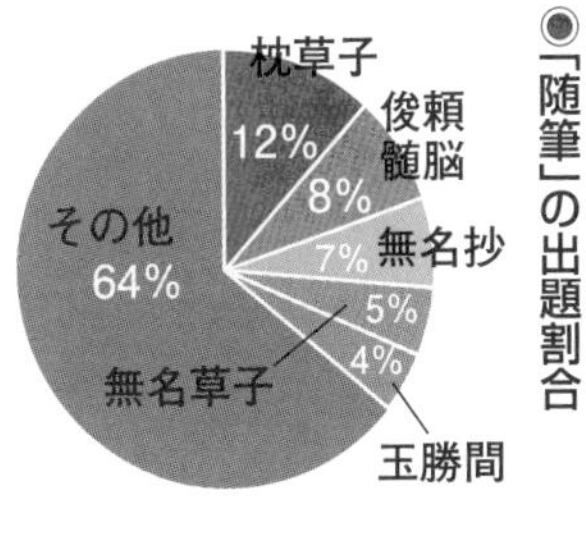

大学入試問題全体の約16%が「随筆（評論）」からの出題であった。右の円グラフのとおり、随筆の36%は上表のトップ5が占めているものの、全体的に「その他」が多く、無名の作品から出題される傾向が強い。有名作品で（内容・主張などが）受験生に普及しすぎているためか、『方丈記』の出題はほぼなかった。有名作品であっても『枕草子』は『源氏物語』と同様にやはり頻出なので、一読しておくとよい。

❷ 問題演習

次の文章を読んで後の問いに答えよ。

経※1など習ふとて、いみじうたどたどしく忘れがちに、返す返す同じ所をよむに、法師はことわり、男も女も、くるくるとやすらかによみたるこそ、あれがやうに［　　］にあらむとおぼゆれ。

心地などわづらひて臥《ふ》したるに、笑うち笑ひ物など言ひ、思ふ事なげにて歩みありく人見るこそ、いみじううらやましけれ。〈中略〉

よき人の御前《おまへ》に、女房いとあまたさぶらふに、A心にくき所へつかはす仰《おほ》せ書《がき》などを、誰もいとB鳥の跡にしも、などかはあらむ。されど、下※2などにあるを、わざと召して、御硯《すずり》取りおろして書かCせたまふも、うらやまし。さやうのことは、所※3の大人などになりぬれば、まことに難※4波わたり遠からぬも、事に従ひて書くを、これはさにはあらで、上達部などの、またはじめてまゐらむと申さする人の娘などには、心ことに紙よりはじめて、つくろはせたまへるを、集まりて、たはぶれにもねたがり言ふめり。

（日本大学）

（注）
※1　経…お経のこと。
※2　下などにある…（女房たちが生活している）下の局にいる（達筆な）人。
※3　所の大人…その場所において年功のある人。ここでは長年仕えている主《おも》だった年配の女房のこと。
※4　難波わたり…手習いの初歩として、「難波津に」の歌などを学んでいる段階。

琴、笛など習ふ、また、さこそは、まだしきほどは、これがやうに**いつしかとおぼゆらめ**。内、春宮の御乳母《めのと》。上の女房の、御方々《かたがた》いづこもおぼつかならずまゐりかよふ。

（枕草子「うらやましげなるもの」）

問1　空欄［　］に入る言葉として、最も適当なものを次の中から選びなさい。

①うつし世　②過ぎし世　③遠き世　④いつの世

問2　傍線部A・Bの文脈上の意味として、最も適当なものを次の中から選びなさい。

A　㋑正体のはっきりしない人　㋺心ひかれて気にかかる人
　　㋩すぐれていると評価できる人　㋥怪しい雰囲気を漂わせている人

B　㋑ためらっていることのたとえ　㋺鳥の巣の空になったもの
　　㋩あわてふためいていた様子　㋥稚拙な字のたとえ

問3　傍線部Cにおける文法的説明をせよ。

問4　傍線部D「これがやうにいつしかとおぼゆらめ」とあるが、誰のどのような心情か。三十字以内（句読点を含む）で説明せよ。

❸全文解釈

（■重要語／■助動詞／■接続助詞／■尊敬語／■謙譲語／■丁寧語）

経など習ふとて、いみじうたどたどしく忘れがちに、返す返す同じ所

（人が）お経などを習おうとして、非常にたどたどしく忘れっぽく、何度も同じ箇所

をよむに、A法師はことわり、男も女も、くるくるとやすらかによみたる

を読むのに、〈単接〉法師は当然のこと、男でも女でも、すらすらと簡単に読んでいる

こそ、「あれがやうにいつの世にあらむ」とおぼゆれ。

ことは、「あんなふうに（私は）いつになったらなれるのだろう」と、（私は❶）思われる。

心地などわづらひて臥したるに、笑うち笑ひ物など言ひ、思ふ事なげに

（私が❶）病気になって臥せっているのに、〈逆接〉笑ったり何か話したりして、何のもの思いもなさそうに

て歩みありく人見るこそ、いみじううらやましけれ。〈中略〉

ぶらぶら歩いている人を見るのは、（私は❶）非常にうらやましいと感じるのである。

よき人の御前に、女房いとあまたさぶらふに、心にくき所へつかはす

身分の高い人の前に、女房が大変たくさんお仕えするときに、奥ゆかしい方の所へ送るお手紙の

仰せ書などを、誰もいと鳥の跡にしも、などかはあらむ。されど、下など

代筆などを、（女房たちの）誰が鳥の足跡のような拙い筆跡で書くだろうか、いや書くはずがない。けれど、下の局

にあるを、わざと召して、御硯取りおろして書かせたまふも、うらやまし。

にいる（達筆な人❷）をわざわざお呼びになって、御硯を取って下に置いて書かせなさるのも、（私は❶）うらやましい。

登場人物

A 法師…仏法に精通している者。

B 私（筆者）…清少納言。中宮定子に仕えていた。作中における心情語の主語である。

□★★★ことわりなり【理なり】形動ナリ　①もっともだ・当然だ

□やすらかなり【安らかなり】形動ナリ　①穏やかだ　②簡単だ

□★わづらふ《ゥ》【煩ふ】動八四　①苦しむ・悩む　②病気になる

□★★★こころにくし【心憎し】形ク　①奥ゆかしい・心ひかれる

□★★★わざと【態と】副　①わざわざ　②特に・格別に

□たはぶれ【戯れ】名　①冗談　②遊び興じること

□★★まだし【未だし】形シク　①未熟だ　②まだ早い

□★★★いつしか【何時しか】副 形動ナリ　①早く〈↔願望・意志〉　②いつのまにか・早くも　③早すぎる

さやうのことは、所の大人などになりぬれば、まことに難波わたり遠から

そうしたことは、そこの主だった年配の女房などになると、〈偶然〉本当に（初歩の）「難波津」を書く程度から遠く

ぬも、事に従ひて書くを、これはさにはあらで、上達部などの、またはじ

ない（下手な）人でも、❹事の次第で（手紙を）書くものだが、これはそうではなくて、上達部などの、また初めて（宮仕

めてまゐらむと申さする人の娘などには、心ことに紙よりはじめて、つく

えに）参上させたいと（人を通じて）申し上げてきた人の娘などには、格別に（気を遣って）紙をはじめとして、何かと

ろはせたまへるを、集まりて、たはぶれにもねたがり言ふめり。

整えさせなさるのを、〈補〉（女房たちが）集まって、冗談にも悔しがって（何やかや）言うようだ。

琴、笛など習ふ、また、さこそは、まだしきほどは、「これがやうに

琴や、笛などを習う場合、これもまた、それこそ、未熟なうちは、「この（上手な人の）ように

いつしか」とおぼゆらめ。内、春宮の御乳母。上の女房の、御方々いづこも

早く（なりたい）」と思われるようだ。主上や、春宮の御乳母。主上付きの女房で、方々の后や女御方のどこへでも

おぼつかなからずまゐりかよふ。

知らぬ所なく参上して出入りする人（はうらやましげに見える）。

---

❶…心情語の主語として筆者自身である「私は」を補足する。

❷…「の・こと・もの・人」などの体言を補って訳し、全体を主部や目的部としてとらえること。このような用法を準体法とよぶ。

❸…使役・尊敬の助動詞「す・さす・しむ」は「給ふ」「おはす」などの尊敬の補助動詞が続かない限り、尊敬の意味にはならないが、続いても一文に使役の対象がある場合は使役と取ること。

❹「事に従ひて書くを、」は「事の次第で書くものだが、」と訳し、それまでの文脈から状況を判断すること。

❹ 解答・解説

問1（答 ④ いつの世）

空欄の前後は「あれ／が／やう／に／□／に／あら／む」と単語分けされる。この部分は「**心中表現文**（☞18頁）」なので、「　」で区切るとよい。「が」は「〜の」と訳す格助詞「が」の連体格用法。「やう」は「様子・姿」などと訳す名詞。全体で「あのように」と訳す。空欄直後の「に」は格助詞、「あら」はラ変動詞の未然形、「む」は推量の助動詞「む」*1の終止形。全体で「…にあるのだろう」と訳す。

選択肢の「①うつし世」は「現世」、「②過ぎし世」は「以前・昔」、「③遠き世」は「遠く離れた世界」、「④いつの世」は「いつのとき」の意味。1〜3行目の「経など習ふ…よみたるこそ」は、お経を上手に読む人々に対する筆者の羨望を表した箇所であると判断できる。よって、④を入れて「あのように**いつのとき**にあるのだろう」、意訳して「あんなふうに（私は）いつになったらなれるのだろう」とするのが最も適当。

問2（答 **A㋺ 心ひかれて気にかかる人　B㋥ 稚拙な字のたとえ**）

A…「心にくき」は「奥ゆかしい・心ひかれる」などと訳すシク活用の形容詞「心にくし」の連体形。

B…「あと【**跡**】」は「足跡・方向・痕跡・**筆跡**」などと訳す古語で、「鳥の跡」は「下手な字」をたとえた名詞。傍線部Bの前後には、「仰《おほ》せ書《がき》」（訳：貴人の言葉を書き記した文書）や「書かせたまふ」（訳：書かせなさる）などがあるため、文脈からも「鳥の跡」は文字や筆跡に関する内容であることが推察できる。

◆**補足説明**

*1 助動詞「む」は、直後に「と思ふ／とて」などがある場合、**意志**（…しよう）の意味になることが多い。ただし、ここでは文脈に合わないので、**推量**の意味で取る。

問3（答 **使役の助動詞「す」の連用形**）

「**せ給ふ／させ給ふ／しめ給ふ**」の「**せ／させ／しめ**」は**尊敬**の意味であることが多いが、その文に「**使役の対象（～に）**」がある場合は、**使役**の意味になるので要注意。7・8行目をよく見ると、「**下などにある（達筆な人）**をわざと召して、御硯《すずり》取りおろして**（その達筆な人に）**書かせたまふ」という文脈である。省略されてはいるが、文脈的に**使役の対象**（＝**その達筆な人に**）の存在があきらかなので、傍線部Cの「せ」は**使役**の助動詞「す」の連用形である。このように、単に字面だけを見るのではなく、文脈を考慮して（省略されている語句を補いながら）助動詞の意味は判別しなければならない。

問4（答 例 **未熟な人の、早く上手な人のようになりたいと願う心情。**（二六字））

傍線部D「これがやうにいつしかとおぼゆらめ」の直前にある「まだしき」は、「**未熟だ・まだ早い**」と訳すシク活用の形容詞「まだし【未し】」の連体形。「いつしか」は願望・意志の表現を伴って「**早く**（…したい）」と訳す副詞。「まだしき」から推測して、「**早く（上手な人のようになりたい）**」の（　）の箇所を補足して説明しなければならない。

「誰のどのような心情か」という設問なので、文頭と文末を「**未熟な人の**……（という）**心情。**」のような形にして三十字以内で答えること。

●豆知識

『枕草子』は清少納言が残した随筆の傑作です。「すさまじきもの」などの形で始まる類聚的章段、中宮定子に仕えていた日常を回想的に書いた日記的章段、自然や人事についての感想を記した随想的章段などがあります。

「清少納言は自慢ばかり」だと指摘する人もいますが、この作品は中宮定子の遺子、一品宮脩《なが》子《こ》内親王に捧げられた書と考えられています。定子に褒められて得意になるシーンも、「私は脩子様のお母様のようなすばらしい方に認めてもらえたのよ」と清少納言が思っていたとしたら、彼女への印象も変わってくるのかもしれません。

COLUMN 古文の名場面⑥

『更級日記』～心の人との思い出～

今宵より 後の命の もしもあらば さは春の夜を かたみと思はむ

（更級日記）

【訳】これから後、もし命があって生きながらえたとしたら、それではあなたが大好きだと言った春の夜の月をあなたを偲ぶ思い出として心に刻んでおくことにしよう。

『更級日記』は、少女時代から夫と死別した晩年までの約四十年間を記した平安後期の中流貴族、菅原孝標女の回想記です。当時の女性は父親の勧める相手と結婚しました。自分の意志で相手を選ぶ現在とは異なっているのですね。筆者も同様、父の勧めにしたがって橘俊道と結婚しています。けれども彼女には「心の人」がいたようです。結婚する前、宮仕えをしていたときに、たまたま出会った源資通《すけみち》という人物です。軽はずみな色恋沙汰ではなく、互いに敬意や好意をもって接していたようですね。冒頭の歌は、春の夜が好きだと話す筆者に対して、資通が詠んだものです。

『更級日記』は夫の死後、2、3年経ってからまとめられたもの。筆者は自分の生涯を振り返り、心に宿るゆかしき人のことを実にロマンチックに語っています。

◆レベルアップおめでとう！

さて、「レベル②初級編」はここでおしまいです。最後までよく頑張りましたね。本当にお疲れ様でした。

レベル②では、短めの読解演習を通じて、全レベルに通じる「古文の読解法」を基礎から一気に身につけました。本書を終えたみなさんはすでに、大学入試の古文を読み取る基礎力が固まっています。そして、一般国公立大・一般私大・共通テストなどの過去問にチャレンジできるレベルにまで到達しました。

このままさらに読解力を上げ、共通テストレベルの古文をすばやく読解できるようになりたい人は、「レベル③標準編」に進んでください。では、またお会いしましょう。

【音声学習】全古文の朗読音声を再生 ▶▶▶

右の二次元コードを読み込むと、本書に収録された全古文（第1回～第26回の問題文）の朗読音声が「全編通し」で再生できます。本書の復習や音読学習などにご活用ください。☞

【訂正のお知らせはコチラ】

本書の内容に万が一誤りがございました場合は，東進 WEB 書店（https://www.toshin.com/books/）の本書ページにて随時お知らせいたしますので，こちらをご確認ください。☞

大学受験 レベル別問題集シリーズ

古文レベル別問題集② 初級編

発行日：二〇二一年一一月三〇日　初版発行
　　　　二〇二四年　五月二七日　第3版発行

著　者：富井健二

発行者：永瀬昭幸
発行所：株式会社ナガセ
〒180-0003　東京都武蔵野市吉祥寺南町一-二九-二
出版事業部（東進ブックス）
TEL：0422-70-7456／FAX：0422-70-7457

編集担当：八重樫清隆

編集協力：板谷優初　山下芽久　三木龍瑛　佐廣美有
校正・校閲：紫草学友舎（中ノ園友里子）
本文イラスト：松井文子
DTP・装丁：東進ブックス編集部
印刷・製本：シナノ印刷㈱

Printed in Japan　ISBN978-4-89085-884-2　C7381

東進ブックス

合格の秘訣1

全国屈指の実力講師陣

東進の実力講師陣 数多くのベストセラー参考書を執筆!!

東進ハイスクール・東進衛星予備校では、そうそうたる講師陣が君を熱く指導する！

本気で実力をつけたいと思うなら、やはり根本から理解させてくれる一流講師の授業を受けることが大切です。東進の講師は、日本全国から選りすぐられた大学受験のプロフェッショナル。何万人もの受験生を志望校合格へ導いてきたエキスパート達です。

英語

雑誌『TIME』やベストセラーの翻訳も手掛け、英語界でその名を馳せる実力講師。

宮崎 尊先生
［英語］

爆笑と感動の世界へようこそ。「スーパー速読法」で難解な長文も速読即解！

渡辺 勝彦先生
［英語］

100万人を魅了した予備校界のカリスマ。抱腹絶倒の名講義を見逃すな！

今井 宏先生
［英語］

本物の英語力をとことん楽しく！日本の英語教育をリードするMr.4Skills.

安河内 哲也先生
［英語］

関西の実力講師が、全国の東進生に「わかる」感動を伝授。

慎 一之先生
［英語］

全世界の上位5％(PassA)に輝く、世界基準のスーパー実力講師！

武藤 一也先生
［英語］

いつのまにか英語を得意科目にしてしまう、情熱あふれる絶品授業！

大岩 秀樹先生
［英語］

数学

明快かつ緻密な講義が、君の「自立した数学力」を養成する！

寺田 英智先生
［数学］

「ワカル」を「デキル」に変える新しい数学は、君の思考力を刺激し、数学のイメージを覆す！

松田 聡平先生
［数学］

論理力と思考力を鍛え、問題解決力を養成。多数の東大合格者を輩出！

青木 純二先生
［数学］

数学を本質から理解し、あらゆる問題に対応できる力を与える珠玉の名講義！

志田 晶先生
［数学］

国語

ビジュアル解説で古文を簡単明快に解き明かす実力講師。

富井 健二先生
［古文］

東大・難関大志望者から絶大なる信頼を得る本質の指導を追究。

栗原 隆先生
［古文］

明快な構造板書と豊富な具体例で必ず君を納得させる！「本物」を伝える現代文の新鋭。

西原 剛先生
［現代文］

「脱・字面読み」トレーニングで、「読む力」を根本から改革する！

輿水 淳一先生
［現代文］

文章で自分を表現できれば、受験も人生も成功できますよ。「笑顔と努力」で合格を！

石関 直子先生
［小論文］

小論文、総合型、学校推薦型選抜のスペシャリストが、君の学問センスを磨き、執筆プロセスを直伝！

正司 光範先生
［小論文］

幅広い教養と明解な具体例を駆使した緩急自在の講義。漢文が身近になる！

寺師 貴憲先生
［漢文］

縦横無尽な知識に裏打ちされた立体的な授業に、グングン引き込まれる！

三羽 邦美先生
［古文・漢文］

理科

「いきもの」をこよなく愛する心が君の探究心を引き出す！生物の達人。

飯田 高明先生
［生物］

「なぜ」をとことん追究し「規則性」「法則性」が見えてくる大人気の授業！

立脇 香奈先生
［化学］

化学現象を疑い化学全体を見通す"伝説の講義"は東大理三合格者も絶賛。

鎌田 真彰先生
［化学］

正しい道具の使い方で、難問が驚くほどシンプルに見えてくる！

宮内 舞子先生
［物理］

地歴公民

世界史を「暗記」科目だなんて言わせない。正しく理解すれば必ず伸びることを一緒に体感しよう。

加藤 和樹先生
［世界史］

"受験世界史に荒巻あり"と言われる超実力人気講師！世界史の醍醐味を。

荒巻 豊志先生
［世界史］

つねに生徒と同じ目線に立って、入試問題に対する的確な思考法を教えてくれる。

井之上 勇先生
［日本史］

歴史の本質に迫る授業と、入試頻出の「表解板書」で圧倒的な信頼を得る！

金谷 俊一郎先生
［日本史］

「今」を知ることは「未来」の扉を開くこと。受験に留まらず、目標を高く、そして強く持て！

執行 康弘先生
［公民］

政治と経済のメカニズムを論理的に解明しながら、入試頻出ポイントを明確に示す。

清水 雅博先生
［公民］

わかりやすい図解と統計の説明に定評。

山岡 信幸先生
［地理］

どんな複雑な歴史も難問も、シンプルな解説で本質から徹底理解できる。

清水 裕子先生
［世界史］

※書籍画像は2024年3月末時点のものです。

合格の秘訣2 ココが違う 東進の指導

01 人にしかできない やる気を引き出す指導

夢と志は志望校合格への原動力！

東進では、将来を考えるイベントを毎月実施しています。夢・志は大学受験のその先を見据える、学習のモチベーションとなります。仲間とワクワクしながら将来の夢・志を考え、さらに志を言葉で表現していく機会を提供します。

夢・志を育む指導

チーム制

受験は団体戦！仲間と努力を楽しめる

東進ではチームミーティングを実施しています。週に1度学習の進捗報告や将来の夢・目標について語り合う場です。一人じゃないから楽しく頑張れます。

担任指導

一人ひとりを大切に君を個別にサポート

東進が持つ豊富なデータに基づき君だけの合格設計図をともに考えます。熱誠指導でどんな時でも君のやる気を引き出します。

現役合格者の声

東京大学 文科一類
中村 誠雄くん
東京都 私立 駒場東邦高校卒

林修先生の現代文記述・論述トレーニングは非常に良質で、大いに受講する価値があると感じました。また、担任指導やチームミーティングは心の支えでした。現状を共有でき、話せる相手がいることは、東進ならではで、受験という本来孤独な闘いにおける強みだと思います。

02 人間には不可能なことをＡＩが可能に

学力×志望校 一人ひとりに最適な演習をＡＩが提案！

東進のＡＩ演習講座は2017年から開講していて、のべ100万人以上の卒業生の、200億題にもおよぶ学習履歴や成績、合否等のビッグデータと、各大学入試を徹底的に分析した結果等の教務情報をもとに年々その精度が上がっています。2024年には全学年にＡＩ演習講座が開講します。

ＡＩ演習

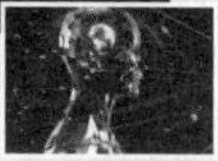

現役合格者の声

千葉大学 医学部医学科
寺嶋 伶旺くん
千葉県立 船橋高校卒

高1の春に入学しました。野球部と両立しながら早くから勉強をする習慣がついていたことは僕が合格した要因の一つです。「志望校別単元ジャンル演習講座」は、ＡＩが僕の苦手を分析して、最適な問題演習セットを提示してくれるため、集中的に弱点を克服することができました。

AI演習講座ラインアップ

高3生 苦手克服＆得点力を徹底強化！

「志望校別単元ジャンル演習講座」
「第一志望校対策演習講座」
「最難関4大学特別演習講座」

高2生 大学入試の定石を身につける！

「個人別定石問題演習講座」

高1生 素早く、深く基礎を理解！

「個人別基礎定着問題演習講座」 2024年夏 新規開講

合格の秘訣3

東進模試

申込受付中
※お問い合わせ先は付録7ページをご覧ください。

学力を伸ばす模試

本番を想定した「厳正実施」
統一実施日の「厳正実施」で、実際の入試と同じレベル・形式・試験範囲の「本番レベル」模試。
相対評価に加え、絶対評価で学力の伸びを具体的な点数で把握できます。

12大学のべ42回の「大学別模試」の実施
予備校界随一のラインアップで志望校に特化した"学力の精密検査"として活用できます(同日・直近日体験受験を含む)。

単元・ジャンル別の学力分析
対策すべき単元・ジャンルを一覧で明示。学習の優先順位がつけられます。

最短中5日で成績表返却 WEBでは最短中3日で成績を確認できます。※マーク型の模試のみ

合格指導解説授業 模試受験後に合格指導解説授業を実施。重要ポイントが手に取るようにわかります。

2024年度

東進模試 ラインアップ

共通テスト対策
- 共通テスト本番レベル模試 全4回
- 全国統一高校生テスト〈全学年統一部門〉〈高2生部門〉〈高1生部門〉 全2回

同日体験受験
- 共通テスト同日体験受験 全1回

記述・難関大対策
- 早慶上理・難関国公立大模試 全5回
- 全国有名国公私大模試 全5回
- 医学部82大学判定テスト 全2回

基礎学力チェック
- 高校レベル記述模試〈高2〉〈高1〉 全2回
- 大学合格基礎力判定テスト 全4回
- 全国統一中学生テスト〈全学年統一部門〉〈中2生部門〉〈中1生部門〉 全2回
- 中学学力判定テスト〈中2生〉〈中1生〉 全4回

※ 2024年度に実施予定の模試は、今後の状況により変更する場合があります。
最新の情報はホームページでご確認ください。

大学別対策
- 東大本番レベル模試 全4回
- 高2東大本番レベル模試 全4回
- 京大本番レベル模試 全4回
- 北大本番レベル模試 全2回
- 東北大本番レベル模試 全2回
- 名大本番レベル模試 全3回
- 阪大本番レベル模試 全3回
- 九大本番レベル模試 全3回
- 東工大本番レベル模試[第1回] 東京科学大本番レベル模試[第2回] 全2回
- 一橋大本番レベル模試 全2回
- 神戸大本番レベル模試 全2回
- 千葉大本番レベル模試 全1回
- 広島大本番レベル模試 全1回

同日体験受験
- 東大入試同日体験受験 全1回
- 東北大入試同日体験受験 全1回
- 名大入試同日体験受験 全1回

直近日体験受験 各1回
- 京大入試 直近日体験受験
- 北大入試 直近日体験受験
- 阪大入試 直近日体験受験
- 九大入試 直近日体験受験
- 東京科学大入試 直近日体験受験
- 一橋大入試 直近日体験受験

東進へのお問い合わせ・資料請求は
東進ドットコム www.toshin.com
もしくは下記のフリーコールへ！

ハッキリ言って合格実績が自慢です！ 大学受験なら、

東進ハイスクール 0120-104《トーシン》-555《ゴーゴーゴー》

●東京都

[中央地区]

- □市ヶ谷校 0120-104-205
- □新宿エルタワー校 0120-104-121
- ＊新宿校大学受験本科 0120-104-020
- 高田馬場校 0120-104-770
- □人形町校 0120-104-075

[城北地区]

- 赤羽校 0120-104-293
- 本郷三丁目校 0120-104-068
- 茗荷谷校 0120-738-104

[城東地区]

- 綾瀬校 0120-104-762
- 金町校 0120-452-104
- 亀戸校 0120-104-889
- □★北千住校 0120-693-104
- 錦糸町校 0120-104-249
- □豊洲校 0120-104-282
- 西新井校 0120-266-104
- 西葛西校 0120-289-104
- 船堀校 0120-104-201
- 門前仲町校 0120-104-016

[城西地区]

- □池袋校 0120-104-062
- 大泉学園校 0120-104-862
- 荻窪校 0120-687-104
- 高円寺校 0120-104-627
- 石神井校 0120-104-159
- □巣鴨校 0120-104-780
- 成増校 0120-028-104
- 練馬校 0120-104-643

[城南地区]

- 大井町校 0120-575-104
- 蒲田校 0120-265-104
- 五反田校 0120-672-104
- 三軒茶屋校 0120-104-739
- □渋谷駅西口校 0120-389-104
- 下北沢校 0120-104-672
- □自由が丘校 0120-964-104
- □成城学園前駅校 0120-104-616
- 千歳烏山校 0120-104-331
- 千歳船橋校 0120-104-825
- 都立大学駅前校 0120-275-104
- 中目黒校 0120-104-261
- □二子玉川校 0120-104-959

[東京都下]

- □吉祥寺南口校 0120-104-775
- 国立校 0120-104-599
- 国分寺校 0120-622-104
- □立川駅北口校 0120-104-662
- 田無校 0120-104-272
- □調布校 0120-104-305
- 八王子校 0120-896-104
- 東久留米校 0120-565-104
- 府中校 0120-104-676
- □★町田校 0120-104-507
- 三鷹校 0120-104-149
- 武蔵小金井校 0120-480-104
- 武蔵境校 0120-104-769

●神奈川県

- 青葉台校 0120-104-947
- 厚木校 0120-104-716
- 川崎校 0120-226-104
- 湘南台東口校 0120-104-706
- 新百合ヶ丘校 0120-104-182
- センター南駅前校 0120-104-722
- たまプラーザ校 0120-104-445
- 鶴見校 0120-876-104
- 登戸校 0120-104-157
- 平塚校 0120-104-742
- □藤沢校 0120-104-549
- □武蔵小杉校 0120-165-104
- □★横浜校 0120-104-473

●埼玉県

- □浦和校 0120-104-561
- □大宮校 0120-104-858
- 春日部校 0120-104-508
- 川口校 0120-917-104
- 川越校 0120-104-538
- 小手指校 0120-104-759
- 志木校 0120-104-202
- せんげん台校 0120-104-388
- 草加校 0120-104-690
- 所沢校 0120-104-594
- □★南浦和校 0120-104-573
- 与野校 0120-104-755

●千葉県

- 我孫子校 0120-104-253
- 市川駅前校 0120-104-381
- 稲毛海岸校 0120-104-575
- □海浜幕張校 0120-104-926
- □★柏校 0120-104-353
- 北習志野校 0120-344-104
- □新浦安校 0120-556-104
- 新松戸校 0120-104-354
- 千葉校 0120-104-564
- □★津田沼校 0120-104-724
- 成田駅前校 0120-104-346
- 船橋校 0120-104-514
- 松戸校 0120-104-257
- 南柏校 0120-104-439
- 八千代台校 0120-104-863

●茨城県

- つくば校 0120-403-104
- 取手校 0120-104-328

●静岡県

- ★静岡校 0120-104-585

●奈良県

- ★奈良校 0120-104-597

★は高卒本科(高卒生)設置校
＊は高卒生専用校舎
□は中学部設置校

※変更の可能性があります。
最新情報はウェブサイトで確認できます。

全国約1,000校、10万人の高校生が通う、

東進衛星予備校 0120-104《トーシン》-531《ゴーサイン》

近くに東進の校舎がない高校生のための

東進ハイスクール 在宅受講コース 0120-531《ゴーサイン》-104《トーシン》

ここでしか見られない受験と教育の最新情報が満載！

東進ドットコム www.toshin.com

東進 検索

東進TV

東進のYouTube公式チャンネル「東進TV」。日本全国の学生レポーターがお送りする大学・学部紹介は必見！

大学入試過去問データベース

君が目指す大学の過去問を素早く検索できる！ 2024年入試の過去問も閲覧可能！

※2024年4月現在

【助詞】一覧表

※赤文字部分はすべて覚えましょう。

未＝未然形／用＝連用形／終＝終止形／体＝連体形／已＝已然形／命＝命令形

格助詞

▼体言に付き、その体言の文中での位置づけをする。

接続	助詞	用法
体言（体）	が・の	①主格（～が） ②連体格（～の） ③同格（～で） ④準体格（～のもの） ⑤比喩（～のような・～のように）
	して	①方法・手段（～で） ②使役の対象（～に〔命じて〕） ③動作の共同者（～と〔共に〕）
	にて	①場所・時（～で・～のときに） ②手段・方法・材料（～で） ③原因・理由（～ので）
	を	①対象（～を） ②起点（～から） ③経由（～を通って）
	に	①場所（～に） ②時（～に） ③対象・相手（～に） ④原因・理由（～により） ⑤変化の結果（～に） ⑥比較の基準（～に・～より） ⑦強調
	へ	①方向（～へ・～に）
	と	①相手・共同者（～と） ②変化の結果（～と・～に） ③引用（～と） ④並列（～と～と） ⑤比較の基準（～と・～と比べて）
	より	①起点（～から） ②経由（～を通って） ③方法・手段（～で） ④比較（～よりも） ⑤即時（～するやいなや） ⑥原因・理由（～ので）
		①起点（～から） ②経由（～を通って）

接続助詞

▼主に活用語に接続して、前後の文をつなぐ。

接続	助詞	用法
体	を・に・が	①単純な接続（…〔する〕と・…ところ・…が） ②逆接の確定条件（…だが） ③順接の確定条件〔原因・理由〕（…ので）
	ものの・ものを・ものから・ものゆゑ	①逆接の確定条件（…だが）←「ものの」はこの意味のみ ②原因・理由（…ので）
未	ば	①順接の仮定条件（〔もし〕…ならば）
已		①順接の確定条件 (a)原因・理由（…ので） (b)偶然・必然（…すると）
未	で	①打消接続（…ないで）
用	て・して	①単純な接続（…て・…で）
	つつ	①反復・継続（…しては） ②同時（…しながら）
	ながら	①逆接の確定条件（…だが・…ながら） ②同時（…しながら） ③継続（…のまま）
形用・動終	とも	①逆接の仮定条件（…しても）
	ど	